Mili – Récit de vie d'une immigrée portugaise

Alice L.

Mili

Récit de vie d'une immigrée portugaise

L'amour filial est terrifiant ; son but est la séparation.
Grégoire Delacourt

Table des matières

À la source de la famille

Je m'appelle Mili. Je suis née un 16 juin. Le 16 juin 1948. À ma naissance, ma mère m'appela Angelina. Dans mon pays comme dans d'autres, à l'époque, les filles prenaient le prénom de leur marraine. Mais à un mois, lors de ma déclaration en mairie, je devins Milagre. Ma marraine avait changé. Mon prénom aussi. Plus tard, on me surnomma Mili. J'ai lu quelque part que les Milagre sont astucieuses et imprévisibles. Ce sont des personnes passionnantes, très émotives et actives. Milagre et Mili viennent du latin *miraculum* qui signifie prodige, merveille. Miracle.

***

Je suis la dernière de huit enfants. Seuls sept ont vécu. Le deuxième né, un garçon, est décédé alors qu'il n'avait que quelques mois. Ma mère donnait le bain à ma sœur aînée. Le bébé rampa jusqu'à la cheminée où l'eau chauffait. Il renversa le chaudron. L'eau bouillante le submergea. Il n'a pas survécu.

Moi, je suis la dernière. Je suis née par accident, m'a confié un jour ma mère. Elle pensait qu'était passé l'âge des enfants, mais elle était enceinte.

Je viens d'un petit village du nord du Portugal. Un village au milieu de la montagne, comme on n'en trouve plus que rarement. Dans mon enfance, il n'y avait ni eau courante ni électricité. Même pas une route pour accéder à la nationale. Juste un chemin en terre auquel les voitures ne pouvaient que très difficilement accéder. À la maison, on s'éclairait avec des lampes à pétrole. On allait chercher à la fontaine l'eau pour boire et cuisiner. On lavait le linge à la rivière. Il fallait le battre et le battre encore, jusqu'à en avoir mal aux bras et au dos.

Le village avait une âme. Aux soirs des beaux jours, on sortait tous dans les rues. Les hommes et les anciens s'asseyaient sur les marches des maisons. Ils bavardaient tout en regardant les jeunes jouer. Les femmes s'échangeaient des conseils. Elles se racontaient leurs journées longues et difficiles. C'était aussi le moment des derniers potins. Quelques travaux collectifs s'organisaient. Lorsque le moment venait, on épluchait le maïs puis on l'égrenait avec des arceaux de tonneaux.

Aujourd'hui, tout a changé. Les jeunes sont partis. Ils sont ailleurs. À la recherche d'une vie meilleure. Nos aînés sont décédés. Beaucoup de maisons sont abandonnées. Dont celle de mes parents. Les ruines ponctuent le village. Malgré tout, quelques-uns, longtemps émigrés, sont revenus. Ils passent leur retraite dans le repos et la tranquillité du village. Moi-même, je m'y réfugie chaque fois que je sens le besoin de me ressourcer. C'est un endroit tranquille, calme, et loin de tout. La ville la plus proche est à dix kilomètres.

Aujourd'hui dix kilomètres, ce n'est rien. Moins d'un quart d'heure en voiture. Mais à l'époque, ces kilomètres se faisaient à pied, par de petits chemins. Et les raccourcis étaient des sentiers rocheux qui passaient à travers les montagnes. Ils montaient. Ils descendaient... C'était dur. D'autant plus dur qu'on marchait en sabots, voire pieds nus. Les chaussures se gardaient pour la ville.

Il fallait tout le temps faire attention où poser ses pieds. Il y avait beaucoup de scorpions et de serpents. Les scorpions d'ailleurs, je connais. Enfant, je me suis fait piquer plusieurs fois. Ma mère écrasait alors le scorpion et le mettait en mixture sur la piqûre. Elle disait que ça absorbait le venin.

Lorsqu'on atteignait enfin la nationale, on essayait de faire du stop. Mais les voitures étaient tellement rares que, bien souvent, on arrivait en ville sans en avoir vu une seule.

Je suis la dernière de huit enfants. Cinq filles et trois garçons. Ma mère me parlait souvent de son premier garçon, son bébé qui n'a pas grandi. Elle n'a jamais oublié les conditions de son décès. Personne n'a rien pu faire. Il n'y avait qu'un médecin pour la ville et tous les villages environnants. Et l'emmener à l'hôpital était impossible. Tout ce temps mis à pied, ça aurait été trop. Manuel n'a pas pu être sauvé.

***

Ma sœur aînée s'appelait Juliana. *S'appelait*, car elle est maintenant décédée d'un cancer. Juliana m'a élevée. Elle avait vingt ans de plus que moi. Elle était ma seconde maman. Elle travaillait pour les gens du village comme couturière. J'en profitais. D'un petit bout de tissu, elle me faisait une robe. Elle me gâtait beaucoup, moi, la petite dernière. J'avais douze ans lorsqu'elle quitta la maison pour le Brésil. Elle m'a beaucoup manqué.

Ma sœur aînée a eu une petite fille avec un garçon du village. J'avais deux ans. Elle n'était pas mariée. Puis vint un fils. Et l'ami de ma sœur les abandonna. Il quitta la région pour on ne sait où. Il ne devait plus donner de nouvelles. Cela fut difficile pour ma sœur. Mais plus encore pour mes parents. C'était comme s'ils avaient eu deux enfants supplémentaires. Les enfants de Juliana. Mes neveux n'appelaient d'ailleurs jamais leurs grands-parents autrement que papa et maman. Quant à leur mère, ils la nommaient Juliana. Pour moi, ils étaient mon petit frère et ma petite sœur. Ils le sont encore aujourd'hui.

Après le départ de son ami, Juliana a travaillé deux fois plus. Elle faisait tout ce qu'elle pouvait. Elle ne s'est jamais plainte.

***

Mes parents venaient tous les deux d'une famille pauvre. Mon père était l'aîné d'une famille très nombreuse et extrêmement démunie. Ma mère avait perdu ses parents très jeunes. Elle n'a jamais connu son père. Il était parti au Brésil[1] alors que ma grand-mère était enceinte d'elle, et il décéda avant sa naissance. Ma grand-mère maternelle est morte lorsque ma mère avait à peine huit ans. Elle laissait trois autres enfants de deux, quatre et six ans, tous d'un père différent. Chacun a alors été placé chez son père. La plus

---

[1] Le Brésil est une colonie portugaise jusqu'à son indépendance en 1822. Le flux migratoire des Portugais vers le Brésil commence dès le XVIe siècle et atteint son maximum sur la période 1850-1960.

petite est morte très rapidement. Ma mère, orpheline, s'est retrouvée bonne à tout faire chez un couple fortuné. Elle travaillait jour et nuit. Elle était chargée de tous les travaux de la maison. C'était elle qui cuisinait et faisait le ménage. Elle qui lavait le linge à la rivière. Et comme si cela ne suffisait pas, elle aidait aussi aux travaux des champs. Bien souvent sans manger. Son frère et sa sœur avaient eux aussi la vie dure. Les belles-mères n'étaient pas tendres. Bien qu'elle fût séparée d'eux, ma mère ne les oubliait pas. Elle cachait du pain dur destiné aux poules qu'elle partageait avec son frère et sa sœur dès qu'elle le pouvait.

Quand elle eut vingt ans, ma mère se maria. La contraception n'existait pas. Sa famille s'est agrandie d'un enfant tous les trois ans. Huit en tout. Sept à faire grandir. Plus les enfants de Juliana. Toute leur vie, mes parents travaillèrent plus que durement pour nous élever correctement.

On n'était pas riches. Mais on mangeait à notre faim. Même si la viande était rare, on avait presque tout à la maison. Enfin, tout ce qui venait des champs. Des pommes de terre, des oignons, des haricots secs. De temps en temps, on avait même du poisson. Ma mère vendait du poisson. Surtout de la sardine et du chanchar. C'était les moins chers, et les seuls que les gens pouvaient se payer. Ma mère allait les chercher à la nationale. Elle achetait deux ou trois cageots qu'elle chargeait sur sa tête. Puis, elle marchait de village en village pour vendre ses poissons. Elle nous cuisinait les invendus.

Mon père, lui, était berger. Aussi, le fromage ne manquait pas. Et les jours de fête comme Pâques, on mangeait de l'agneau. Mon père n'était pas seulement berger. Il travaillait en plus pour des voisins, aux champs et dans les vignes. Parfois, il partait très loin, pendant une à deux semaines, souvent pour les moissons. Ma mère continuait alors sa vente ambulante, mais elle endossait aussi le rôle de berger. Elle partait très tôt le matin, vers quatre ou cinq heures. Lorsqu'elle rentrait vers neuf heures, elle était bien souvent trempée. Elle ne changeait même pas de vêtements. Elle repartait aussitôt avec le troupeau dans les montagnes pour ne revenir que tard le soir. Nous, les plus jeunes, on l'attendait avec impatience après notre journée d'école. On allait à sa rencontre pour l'aider à rentrer les moutons à la bergerie.

Mon frère aîné, Narciso, s'est occupé des champs jusqu'à ses dix-huit ans. Il les labourait avant de semer le blé. La charrue était tirée par des bœufs. C'était lui qui achetait les bœufs, les dressait et les revendait. Quand il revenait du marché, je l'attendais. Je fouillais dans ses poches. Je savais qu'il me rapportait des gâteries. Une clémentine, un fromage qui ressemblait à de la Vache-qui-rit... Les seules fois où j'ai mangé de ce fromage, c'était lorsque mon frère revenait du marché.

***

Mes parents ne voulaient pas que leurs enfants suivent leur exemple. Alors, ils s'acharnaient au travail pour pouvoir donner à chacun d'entre nous un avenir meilleur.

Ma mère savait que cet avenir ne pouvait pas se vivre au Portugal.

Lorsqu'elle reçut la visite d'un cousin expatrié au Brésil, elle apprit avec surprise qu'elle avait encore de la famille. Une tante, un cousin. Ailleurs. La solution était là. Avec l'accord de cette famille, elle enverrait tous ses enfants au Brésil. D'abord ma sœur Dîna. Dîna n'avait jamais voulu travailler la terre. Elle vivait depuis très jeune chez les sœurs. Alors, sans hésitation, Dîna partit la première. J'avais huit ans. Ensuite, Narciso. Il avait l'âge du service militaire. La guerre dans les colonies le menaçait[2]. Ma mère l'expatria au Brésil avant qu'il fût appelé. Elle fit de même avec mon autre frère, Germano. Juliana s'expatria également. Sans ses enfants. J'ai eu de la peine et j'ai pleuré à chaque fois qu'une sœur ou un frère nous quittait. Mais quand ce fut ma sœur aînée, là, mon monde s'est écroulé. Je perdais Juliana, ma petite maman. J'ai eu des montagnes de peine. J'ai pleuré des torrents de larmes. Ma nièce sanglotait. Inconsolable petite sœur. Mon neveu reniflait. Mais attention, il était un homme… et les hommes, c'est fort. Tristes enfants. Juliana les laissait. Ils l'ont rejointe au Brésil, peu de temps après. Et ma mère… Pauvre, pauvre maman. Son cœur se déchirait à chaque enfant qui la quittait.

***

Quelques années plus tard, mon tour était prévu. Je devais gagner le Brésil avec ma sœur Luisa. J'avais seize ans. Mais, j'étais tellement attachée à mes parents. Je ne voulais pas partir. Je ne voulais pas les quitter. Et j'étais aussi

---

[2] Dès 1955, des partis nationalistes se constituent dans les colonies portugaises (Angola, Guinée-Bissau, Mozambique…). La guérilla aboutira à la guerre coloniale portugaise en 1961, laquelle se terminera avec le renversement du régime de Salazar le 25 avril 1974 (révolution des Œillets).

effrayée à l'idée de prendre le bateau. Je savais que le voyage durait plusieurs jours. Et qu'il n'était pas sans danger. Lors du départ de Juliana, deux bateaux étaient à quai, le *Vera Cruz* et le *Santa Maria*[3]. Tous deux en partance pour le Brésil. Ma sœur embarqua sur le *Vera Cruz*. Heureusement. Le *Santa Maria* fut détourné par des pirates[4].

Je suppliais ma mère de ne pas m'envoyer au Brésil. Je ne voulais pas y aller ! C'était trop loin ! J'appréhendais de prendre le bateau ! Je craignais de ne plus la revoir ! Ma mère ne voulait rien entendre. Elle répétait que c'était pour mon bien. Qu'au Portugal, je ne serai personne. Qu'au Brésil, je pourrai étudier et apprendre un métier. Je ne voulais rien savoir. Je ne l'écoutais pas. Les études ne m'intéressaient pas. Je préférais encore travailler dans les champs… Alors, j'ai prié le Bon Dieu. Qu'il fasse quelque chose. Quelque chose qui m'empêcherait de partir. Et mes prières furent exaucées. Peu avant la date prévue de mon départ, la radio – à l'époque, on n'avait pas de télévision, mais juste une petite radio à piles – la radio annonça qu'il y avait eu un coup d'État au Brésil[5]. Le nouveau gouvernement n'acceptait plus les émigrés portugais. Les frontières brésiliennes se fermaient[6]. J'ai sauté de joie. J'ai

---

[3] Ces deux navires portugais appartiennent à la Compagnie coloniale de navigation. Construits en 1951 et 1952, ils concurrencent les navires italiens dans le transport des émigrés portugais vers le Brésil.

[4] Le 22 janvier 1961, le *Santa Maria* est arraisonné au large du Brésil. Ce détournement est un acte politique visant à attirer l'attention du monde sur les gouvernements portugais et espagnol de l'époque. *Pirates de la liberté* raconte l'histoire de cet acte de piraterie.

[5] Le coup d'État du 31 mars 1964 renversa la deuxième république brésilienne et fut justifié par la crainte du communisme. La dictature militaire mise en place dura jusqu'en 1985.

[6] Les années 1960 marquèrent la fin de l'immigration massive des Portugais au Brésil. Ils avaient été plus de 230 000 à immigrer de 1950 à 1960. Ils ne seront

remercié Dieu. Il m'avait entendue ! On ne pouvait plus embarquer ! J'avais du mal à cacher ma joie. Mais, en même temps, j'avais de la peine pour mes parents. Surtout pour ma mère. Je la voyais pleurer, triste pour nous, et effrayée pour ses enfants déjà expatriés. Elle était paniquée à l'idée qu'il leur arrivât quelque chose. Luisa aussi était affligée. Elle le voulait, elle, rejoindre la famille au Brésil. Mais, on est restées.

Luisa devint rapidement employée de maison et s'installa chez ses patrons. Ma sœur Odília, la seule que je n'ai pas encore évoquée, était mariée. Elle n'habitait plus avec nous. Je me retrouvai donc seule à la maison avec mes parents. De petite dernière, j'étais devenue fille unique.

---

que 60 000 de 1960 à 1990.

Jamais loin d'eux

Après le départ de Juliana, tous les aînés étant partis sauf Luisa, j'aidai davantage mes parents aux champs. Ma mère s'occupait des brebis. Elle avait arrêté de vendre du poisson. Mon père, lui, labourait, taillait, semait, récoltait, fauchait, plantait... Il faisait son vin. Un bon vin que l'on venait de loin pour acheter. J'assistais plus particulièrement mon père. Et lorsque le troupeau rentrait, je comptais les brebis. Ce n'était pas facile. Il arrivait qu'il en manque une. Parfois, elle avait mis bas et était avec son nouveau-né. Souvent, un loup l'avait dévorée. Mon père partait systématiquement à la recherche de la brebis manquante. Il ne la retrouvait que rarement vivante et revenait, la plupart du temps, triste et bredouille... À cette époque, les loups rôdaient en nombre.

***

La vie était rythmée par le travail des champs et des vignes. Le midi, j'apportais le déjeuner à mon père. Je rejoignais ensuite ma mère qui gardait les brebis. Elle m'attendait. On s'asseyait à l'ombre le temps de manger et de profiter d'un peu de repos. Le troupeau était généralement rassemblé et paissait. Un jour presque comme un autre, il était couché en contre-bas, près d'une rivière, au milieu d'arbres. On ne le voyait pas, mais on le savait tranquille. Le repas terminé, ma mère descendit à la rivière se rincer les mains. Un hurlement ! Un serpent l'avait sûrement piquée. Je me précipitai. Elle ne paraissait pas blessée. Elle me regardait, effarée. Puis, elle tourna la tête. Je suivis son regard. Je découvris alors un mouton. Égorgé. Et plus loin, un autre mouton. Égorgé lui aussi. Et un autre. Et encore un autre. Ça n'en finissait pas... Tous ces moutons. Un vrai carnage. L'herbe était blanche et rouge. Une bande de loups avait attaqué le troupeau ! Et ils avaient laissé les cadavres, gisant dans le champ. Ces loups n'en étaient pas à leur premier massacre. Ils étaient rassasiés. Ils préparaient le lendemain.

Je me mis à pleurer. Ma mère n'arrivait pas à articuler un mot. Elle ne pouvait que crier pour tenter de chasser les loups. Il fallait que j'aille chercher mon père. Impossible. Je tremblais. Je n'osais pas bouger. Mon père n'était pourtant pas loin. Mais je devais traverser la rivière cachée par de grands arbres. Passer un champ. Et ce n'est qu'après que j'atteindrais le petit chemin qui me mènerait à lui. Je sanglotais, mais réussis enfin à bouger. Tout le long du chemin, je priais le Bon Dieu : « ... que les loups se soient enfuis loin, très loin ! » Je courais tout surveillant les alentours. Je me retournais régulièrement. Peut-être me suivaient-ils. Je courais tellement vite que j'avais l'impression d'avoir des ailes. À l'école, je faisais souvent la course avec les garçons. J'étais très rapide. Personne ne me battait, et tout le monde parlait de moi comme d'un garçon manqué. Ce jour-là, je battis mon record.

Je bégayai à mon père ce qui se passait. Il se rua pour rejoindre ma mère, m'ordonnant d'aller chercher de l'aide.

Je recommençai à courir, sautant de pierre en pierre, volant jusqu'au village. Quand il y avait un problème grave, on faisait sonner la cloche et tout le monde se rassemblait. Ce jour-là, pas besoin de cloche. Je hurlai tellement que les hommes se précipitèrent aussitôt avec des fusils. Ils ont pris de quoi empoisonner les moutons égorgés. Ils savaient que les loups reviendraient se repaître de leurs proies mortes. Lorsque le lendemain les loups descendirent de la montagne, les hommes les attendaient, embusqués et armés. Mais, au moment où ils chargeaient leur fusil, les loups disparurent. En un éclair. Volatilisés. Moi, j'avais suivi les hommes. Je voulais voir. Je m'étais cachée en arrière. Assez près cependant pour entrapercevoir les loups. J'ai eu la chair de poule. Je me suis enfuie.

Mais je n'en avais pas fini avec les loups. Je devais encore en rencontrer, quelques jours, puis des années, plus tard. Particulièrement un.

L'été, mon père restait souvent coucher dehors avec ses brebis, à l'extérieur du village. Mon jeune frère Germano, tant qu'il fut à la maison, lui apportait son dîner. Ensuite, ce fut ma mère. Lorsque celle-ci me proposa de l'accompagner, je sautai de joie. On pouvait, si je le voulais, dîner avec mon père et même dormir. J'acceptai immédiatement. C'était cela la vie de vrai berger. Dormir à la belle étoile. Une portion de liberté. Du haut de mes treize ans, je me sentais grande. Vite, préparer le dîner et y aller. Ce n'était pas très loin ! Juste à la sortie de village. Je marchais la première. La tête en l'air. Contemplant les étoiles. Je connaissais l'Étoile du berger, ma préférée, et la Grande Ourse et… Brusquement, ma mère me tira en arrière. « Ne bouge plus !, me chuchota-t-elle. Recule doucement. Et file. Le plus vite possible. » Je baissai les yeux, déjà effrayée. Un loup ! Couché en travers de notre chemin. Il dormait. Enfin, je l'espérais. Pour un peu, je lui aurais marché dessus. Heureusement que maman était avec moi ! Je reculai sans bruit et détalai, ma mère derrière moi. On s'est engouffrées dans la première maison du village. Les hommes se sont hâtés de rejoindre mon père, fusils brandis. Trop tard. Le loup avait été le plus rapide. Il avait attaqué le troupeau et tué une brebis. Il l'avait emportée sans que mon père puisse faire quoi que ce soit.

Je hais les loups.

***

Mon père était maintenant âgé. Il abandonna le métier de berger et vendit son troupeau. Il continuait à travailler les vignes et à vendre son vin. Il cultivait toujours quelques champs de blé pour nous. Ma mère reprit la vente ambulante de poissons. Il fallait bien que l'argent rentre. Non seulement pour nous nourrir, mais aussi pour rembourser les dettes contractées pour envoyer mes frères et sœurs au Brésil.

***

Ma mère ne se plaignait jamais. Elle n'avait pas le temps. Malade ou non, elle travaillait de l'aube jusqu'à l'aurore. Comme beaucoup de mères, elle avait toujours quelque chose à raccommoder, à cuisiner, à laver ou que sais-je encore. Je ne la voyais jamais s'arrêter. Si un matin elle restait couchée, c'était qu'elle était dans l'incapacité de faire autrement. Et c'était alors toujours grave. Comme cette fois où une sciatique l'avait clouée au lit. Maman enrageait de se sentir inutile. Elle culpabilisait de ne plus pouvoir aider mon

24

père. Elle était ainsi depuis plusieurs mois lorsque des gitans s'arrêtèrent chez nous. Ils étaient de passage au village comme tous les ans. Ils avaient l'habitude de saluer mes parents, qui leur proposaient généralement un abri pour la nuit. Cette fois-là, ils trouvèrent ma mère alitée, le visage crispé de douleur. Le patriarche lui conseilla un guérisseur. Il le connaissait bien. Il lui avait déjà envoyé d'autres personnes tout aussi handicapées qu'elle. Elles le remerciaient aujourd'hui. Elles avaient recouvré la santé. Ma mère hésita un peu. Elle avait déjà consulté de tels guérisseurs par le passé. Et pas toujours avec succès. Notamment après une grave chute. Elle était montée dans un arbre pour couper des branches afin de nourrir son troupeau : « Il n'y avait plus assez d'herbe dans les pâturages. Il fallait donner des feuilles aux brebis. Ce jour-là, le temps était humide et l'arbre glissant. J'ai basculé. Au pied de l'arbre, il y avait un gros rocher. Je suis tombée dessus. Je me suis cassé trois côtes et mon cœur a bougé de plusieurs millimètres. C'est un médecin qui me l'a annoncé quand je me suis rendue à l'hôpital quelques mois plus tard. Avant, j'avais vu un rebouteux, mais sans effet. » Le patriarche opina. Parfois, ça ne marchait pas. C'est sûr, on pouvait se méfier des guérisseurs, les traiter de charlatans et d'imposteurs. Lui, il jugeait sur des résultats, en général stupéfiants. « Enfin, c'est vous qui voyez ! »

Ma mère tenait à guérir. Après tout, aucun guérisseur n'avait empiré ses maux. Elle testerait donc celui-là.

On l'aida à se lever, à s'habiller puis on l'accompagna. L'homme la fit entrer seule dans une pièce. Ma mère me raconta qu'il la fit asseoir, puis qu'il prit un objet, comme un petit fer à souder, qu'il fit chauffer. Au moment où il tendit le fer chaud vers son visage, ma mère ne put réprimer un mouvement de recul. L'homme la gratifia d'un grognement : « Si vous bougez, c'est dangereux. » Ma mère s'immobilisa. Elle ferma les yeux. Elle sentit le fer lui pénétrer dans l'oreille puis une brûlure. « Pas très forte », nous assura-t-elle. Ma mère ouvrit les yeux. L'homme lui tournait le dos en farfouillant dans une boîte. Cinq bonnes minutes s'écoulèrent, puis il se retourna : « Vous pouvez y aller. Mais attention, vos lacets sont défaits. Vous devriez les renouer. » Ma mère se pencha en avant. Elle était en sabots. « C'était un test, Milagre ! Je pouvais me baisser. Et je pouvais marcher ! » Croyez-le ou non, envolée la sciatique de ma mère. Bien sûr, elle souffrait toujours d'arthrose et du cœur. Cela depuis sa chute de l'arbre. Mais elle marchait. Quand je la vis arriver, j'eus du mal à en croire mes yeux. Maman était debout ! Elle ne clopinait plus. Elle avançait presque normalement à nouveau ! Ma mère était une dure à cuire.

***

On dormait dans la même pièce, mes parents et moi. Mon père s'assoupissait dès qu'il se couchait. Il avait le sommeil d'un bienheureux. Lourd, profond. Rien ne pouvait le troubler, ce sommeil. C'était comme s'il déposait chaque soir tous ses soucis dans une boîte pour ne les reprendre que le lendemain. Maman, c'était différent. Dure de corps. Parfois la main rapide. Mais si soucieuse de ses enfants. J'entendais régulièrement ma mère parler. Seule. Elle pleurait. Elle priait. Que le Bon Dieu l'aide à rembourser ses dettes. Ça me fendait le cœur. J'écrivais alors à mes frères et sœurs, les suppliant d'aider financièrement nos parents. Mes lettres restaient sans réponse. Peut-être n'arrivaient-elles pas... Ou peut-être que le gouvernement brésilien bloquait les sorties d'argent... Mes parents s'épuisaient toujours à la tâche. J'essayais de les convaincre de vendre des terrains. Ils ne m'écoutaient pas. Ces terrains, ils les avaient achetés pour leurs enfants. C'était comme s'ils ne leur appartenaient pas. Ils n'avaient pas le droit de s'en séparer. Moi, ça me rendait malade de les voir se sacrifier ainsi. J'en voulais à mes frères et sœurs. Je leur en veux toujours aujourd'hui. D'autant plus qu'au décès de nos parents, ils ont réclamé leur héritage pour revendre aussitôt tout ce qui pouvait l'être.

***

Après la vente de troupeau, mes parents eurent moins besoin de moi aux champs. Ils décidèrent alors que je devais étudier. J'avais seize ans. Je n'avais plus vraiment l'âge de l'école. J'ai pris des cours du soir. Et grâce à l'institutrice, j'ai réussi à terminer mes études secondaires. Difficilement. Il faut avouer que je n'aimais pas étudier. L'institutrice me recevait chez elle pour m'aider. Et je lui gardais sa fille. Je lui dois beaucoup.

Toutes les institutrices ne se ressemblent pas. Celle que j'avais eue plus jeune était aux antipodes. On était tous terrorisés par elle. Elle nous punissait sans cesse. Et elle ne faisait pas semblant. Une erreur de lecture, une claque. Trois fautes à la dictée, trois coups de règle sur les mains. On en a fait des pages et des pages d'écriture, souvent en relation avec la faute originelle. Pédagogie oblige... Elle avait aussi pour habitude de tirer les oreilles des écoliers un peu paresseux. Elle le fit une fois de façon si violente qu'elle arracha la boucle d'oreille d'une de mes camarades, lui cisaillant le lobe. La petite hurla. Et la maîtresse manqua de s'évanouir à la vue du sang qui jaillissait de l'oreille soi-disant fautive et qui maculait sa propre main. Cette institutrice battait les élèves pour la moindre parole jugée insolente. Lorsqu'elle avait mal aux bras à force de nous frapper, elle désignait un élève pour la remplacer. Et celui-ci n'osait pas désobéir. Le rapport à l'éducation et aux enfants n'était certes pas celui de maintenant où le numéro vert d'enfance en détresse est connu dès la maternelle, mais le comportement de l'institutrice était tel que les parents portèrent finalement plainte. Elle fut radiée et interdite d'enseignement.

Je n'étais pas tellement la cible de cette institutrice, mais elle n'a certainement pas été étrangère à l'aversion que j'éprouvais pour l'école.

Petite, je n'aimais déjà pas l'école. Je partais le matin pour soi-disant aller m'instruire, mais je n'atteignais que rarement ma destination. Je me cachais en route jusqu'à l'heure du déjeuner. Je restais dans les bois, à vagabonder. Ma supercherie fut découverte un jour de vaccination. Tous les écoliers devaient y passer. J'étais absente. La maîtresse envoya un élève me chercher à la maison. Je n'y étais pas. Et pour cause… Ma mère comprit immédiatement de quoi il retournait. Furieuse, elle me chercha partout. Elle m'a trouvée dans un poulailler, cachée avec une cousine. Elle nous sortit de là sans ménagement. Nous étions belles ! De vraies souillons ! Pleines de poux. Des plumes de poules dans les cheveux. Elle nous traîna jusqu'à l'école. Je me débattais. Il fallut quatre personnes pour me tenir alors qu'on me vaccinait. Et encore, pour m'amadouer, le docteur promit de me ramener une poupée lors de sa prochaine visite. Il tint parole. Il revint avec une magnifique princesse. Avec de belles boucles blondes. Et une robe blanche à dentelle. J'étais si fière. J'étais la seule à avoir une telle poupée. Un vrai jouet. Acheté. À l'époque, on n'avait pas de jouets achetés. On se les fabriquait nous-mêmes nos amusettes. Pour moi, c'était plutôt des *garçonnettes*. Des frondes fabriquées avec des bouts de ficelle pour tuer les oiseaux. Des arceaux de tonneaux à pousser comme des cerceaux.

Je n'ai pas renoncé de sitôt à l'école buissonnière. Je continuai à me cacher. J'ai testé différents endroits. Une de mes cachettes préférées se situait dans la cave, derrière les tonneaux. J'attendais que mes parents soient partis, puis j'allais goûter au vin. J'avais vu faire mon père. Alors, je l'imitais. Mais après, j'étais malade. En fait, j'étais complètement saoule. L'alcool me faisait pleurer. Il m'est parfois arrivé de pleurer si fort que l'on m'entendait dans la rue. Les gens du village rigolaient. Ils ne disaient rien à mes parents. C'était si drôle cette petite fille à moitié ivre. Pour un peu, ils en auraient rajouté. Je ne me rendais pas bien compte. Je recommençais. J'ai fait ça jusqu'à l'âge de neuf ans. Heureusement, je devins brusquement allergique à l'alcool. Depuis, j'ai toujours détesté les personnes ivres.

Les loups et les ivrognes, je les hais.

***

J'avais seize ans, je ne pouvais pas partir pour le Brésil. Luisa était maintenant employée de maison. J'étais seule avec mes parents. J'aidais dans les champs, mais ce n'était pas cela l'avenir. Il fallait que je fasse quelque chose.

29

Mes parents m'achetèrent une machine à coudre. À crédit ! J'étais contrariée. Ils n'avaient pas fini de rembourser les crédits du Brésil, et voilà qu'ils en prenaient un supplémentaire pour moi ! Ma mère voulait m'inscrire dans une école de couture. Elle pensait que la couture me permettrait de m'en sortir. On est donc allées se renseigner sur un institut spécialisé. J'ai mis ma robe du dimanche, et j'ai glissé mes chaussures dans un sac. Ma mère me coiffa. J'avais les cheveux si longs que je ne savais qu'en faire. Ma mère me les brossait une fois par semaine. Elle me faisait de grandes nattes qui m'arrivaient jusqu'aux cuisses. Et comme cela, on était tranquilles jusqu'au dimanche suivant. À dix-sept ans, j'ai coupé mes nattes. Je les ai échangées contre une parure de draps brodés. Ma première parure de draps brodés. Je l'ai longtemps conservée avec moi en France puis je l'ai remmenée au Portugal. Elle y est toujours aujourd'hui. Dans une malle. Avec d'autres souvenirs importants. À l'abri de l'usure du temps.

On est parties toutes les deux très tôt le matin pour découvrir l'école. À pied bien sûr. On a traversé les villages de Vila Boa, Palorca et Abreiro. Il faisait une chaleur incroyable. Le soleil nous brûlait. J'avais soif. J'avais mal aux pieds. Je n'arrêtais pas de demander à ma mère si l'on était arrivées. J'étais pénible comme savent l'être les enfants, ce que je n'étais plus tout à fait. Enfin, au bout d'un long, très long voyage, on s'arrêta à l'entrée de village. Je bus, mangeai, et surtout, me reposai. Il faisait toujours aussi chaud. On était en plein soleil. Il n'y avait pas d'ombre pour se protéger. La halte terminée, je me fis belle. Je changeai de chaussures. Ma mère vérifia ma coiffure, et me donna ses derniers conseils : « Fais attention à ce que tu dis. Tu seras bien gentille avec les autres. Il faut bien parler. Tiens-toi droite… » Mais, je l'écoutais à peine. Je réfléchissais. Je commençais à regretter d'avoir accepté sa proposition. Tous ces kilomètres parcourus allaient me séparer de mes parents. Est-ce que j'allais devoir faire cet horrible voyage tous les jours ?

L'école était dans une imposante bâtisse en pierres de style bourgeois. On nous fit entrer dans une grande salle. Des jeunes filles brodaient autour d'une immense table. D'autres cousaient à la main ou à la machine. C'était beau à voir. Ma mère discuta avec la responsable. Moi, je regardais toutes ces adolescentes qui travaillaient en chantant. Elles riaient. Elles semblaient tellement heureuses. Et en même temps si sérieuses. Je m'imaginais déjà l'une d'entre elles. Je me félicitais : « Mili, tu vas devenir une grande couturière. Et tu vas gagner beaucoup d'argent. Et comme ça, tu pourras aider tes parents. » J'en oubliais les kilomètres qui m'éloigneraient d'eux. Sur le chemin du retour, ma mère m'assaillit de questions. Est-ce que j'avais aimé l'ambiance ? Est-ce que je voulais toujours aller dans cette école ? Et bien d'autres. Oui. Bien sûr que je le voulais.

À la maison, la discussion s'engagea avec mon père. Un nouvel emprunt serait nécessaire pour payer l'école et la pension. La pension ! Mais cela signifiait rester loin des parents ! Ne les voir qu'une fois par semaine ou même moins. J'avais seize ans, mais j'avais peur. Non. Pas question de quitter la maison. Je ne voulais pas me séparer d'eux. Ni pour gagner le Brésil ni pour entrer en apprentissage. Mais comment le faire savoir ? Ma mère semblait si contente à l'idée que je devienne couturière comme Juliana. Je fondis en larmes.

Enfant, je pleurais beaucoup. J'étais timide et je n'osais pas toujours exprimer mes pensées. J'avais toujours en moi une petite voix qui me chuchotait : « Qu'est-ce que va penser papa ? » Et puis aussi : « Tu vas faire de la peine à maman ! » Alors, comme je ne savais pas dire non, je pleurais. Et plus tard, lorsque j'ai arrêté de pleurer, cela a été mauvais signe. Mes émotions n'ont plus eu d'échappatoire. Elles ont été proches de m'anéantir.

Ce soir-là, je sanglotai et tentai d'expliquer à mes parents qu'il m'était impossible de les quitter. Ma mère commença à crier. Mon père restait silencieux. Puis il se mit à rire. Agacée, ma mère haussa encore le ton. Et mon père rit de plus belle. Mon père était généralement d'accord avec ma mère. C'était un homme bon et gentil. Je ne l'ai vu que très rarement s'énerver contre ses enfants. Il n'en a frappé aucun. Contrairement à ma mère qui avait la main leste. Là, il ne prit pourtant pas le parti de ma mère. Il continua à rire. Son rire nous gagna, ma mère et moi. On était bien là tous les trois à pouffer comme des gamins, pour on ne sait quoi. L'école de couture a été rangée dans les écoles que j'aurais pues – dues ? – faire.

***

Tous les dimanches, on allait à la messe. Au village d'enfance de mon père. Il n'y avait pas de messe dans le nôtre. On en profitait pour rendre visite à de la famille. C'était là que j'ai rencontré une cousine qui travaillait à l'hôpital de Mirandela. Elle étudiait pour devenir infirmière. Ça avait l'air de lui plaire. Alors, pourquoi pas moi ? De toute façon, je ne savais pas quoi faire. Quelques jours plus tard, j'étais embauchée. Même si c'était en ville, j'étais contente de partir. Je verrais régulièrement ma mère, lorsqu'elle irait au marché.

« Mademoiselle, ici, il va vous falloir travailler sans relâche pour y arriver ! », furent les premiers mots que m'adressa la responsable. Je crus qu'elle cherchait à m'effrayer. Mais cela se révéla vrai. Dès la première semaine, je me suis éreintée au travail. Les journées étaient interminables. Je faisais les lits. Je frottais par terre. Je lavais les draps des malades. À la main. Je vidais les poubelles. Après, il fallait tout brûler. Cela, sans gants ni masque. Ensuite, j'aidais à la cuisine. Et quand j'avais fini de servir leur repas aux médecins et aux infirmières, c'était au tour des malades. Heureusement, je n'étais pas seule. Nous étions toutes logées à la même enseigne. Et j'avais ma cousine.

La deuxième semaine, j'ai commencé à tester le métier d'infirmière. Dès que j'avais fini mon travail de bonne à tout faire, j'assistais aux pansements et j'aidais la radiologue de l'hôpital. Elle était très gentille. Nous nous entendions bien. C'était elle qui m'a surnommée Mili. J'étais facilement impressionnable. La première fois que j'entrai dans une salle d'opération, j'en sortis au bout de cinq minutes à peine, au bord des larmes et de l'évanouissement. Regarder le chirurgien coudre une main sans anesthésie m'avait été insupportable. Je voyais la souffrance du patient. Je m'imaginais à sa place. « Mon » premier accouchement fut tout aussi bref. Je ne fis qu'un aller-retour dans la salle où rugissait une pauvre femme, les jambes écartées. Une fois de plus, j'avais failli m'évanouir. Ma cousine ne se trouvait pas loin. Elle me remplaça.

Lors de ma première garde de nuit, j'avais en charge tout un étage. Peu de souvenirs. Je pense avoir dormi toute la nuit. La digne fille de son père. Ce jour-là, j'avais dû lui emprunter sa boîte à déposer les soucis. Ou peut-être était-ce parce que j'étais trop fatiguée. Ma cousine me sauva encore une fois la mise. Elle était de repos. Heureusement pour les malades. Et pour moi. Elle m'a réveillée vers les cinq heures du matin avant que la responsable vienne faire son tour.

Ce matin-là, je n'étais donc pas fatiguée. Je descendis aux cuisines, discuter avec mes collègues, plutôt que de m'enfermer dans ma petite chambre. La responsable, me voyant en pleine forme, me demanda de l'accompagner au marché. Pas de problème. Je voulais bien, moi, sortir un peu. Elle s'empara d'un gros panier en bambou qu'elle me tendit. Le panier était tellement grand qu'il devait bien contenir plus d'une vingtaine, voire une trentaine, de kilos de fruits. La vendeuse me le posa sur la tête. La surveillante m'ordonna de l'emmener à l'hôpital : « Et vous ferez un second voyage ! » J'ai traversé toute la ville avec cette énorme panière sur la tête. J'avais du mal à marcher droit, tellement elle était lourde. Je tanguais. Comme à neuf ans quand je me cachais pour boire le vin de mon père. Je pensais à ma mère et à ses cageots de poissons. Ma mère ! C'était le jour du marché. « Pourvu que je ne la rencontre pas, pensais-je. Elle ne serait pas contente de me voir ainsi. » Arrivée à l'hôpital, j'avais tellement mal au cou et au dos que je fondis en larmes. Toutes se moquèrent de moi. Elles étaient passées par là, elles aussi. Les corvées les plus difficiles étaient toujours pour la dernière arrivée. Je rageai. Vexée. Je montai dans ma chambre, pris mes affaires, et partis de l'hôpital sans le moindre au revoir. Et tant pis si tout le monde m'a ensuite cherchée. Et tant mieux si la responsable était furieuse.

Je n'avais pas d'argent pour payer l'autocar. Je commençai à rentrer à pied. J'avais déjà fait une dizaine de kilomètres quand un ami de ma mère me doubla. Il avait une de ces voitures qui peuvent rouler sur les chemins de terre. Il prit pitié de moi, s'arrêta et me ramena chez mes parents. Je redoutais de les affronter. Surtout ma mère ! Celle-ci m'a posé mille questions. Mon père écoutait. Il me regardait. Quand j'expliquai la honte ressentie lors de mon épopée à travers la ville, à moitié assommée par un panier de fruits, il éclata de rire. Son rire gagna ma mère, comme lors de l'école de couture ratée. « Qu'est-ce qu'on va faire de toi ! », fut leur conclusion.

***

Je ne pouvais pas passer ma vie à la maison. Même si je le souhaitais. Quelques mois plus tard, je fis une autre tentative d'émancipation. Je partis à Porto, avec deux copines du village, pour travailler dans un hôpital tenu par des sœurs. Porto était une grande ville, plus que Mirandela. Une *cidade*. Mes camarades voulaient étudier pour devenir infirmières. Moi non. J'avais déjà testé. Je devais être standardiste, et remplacer une amie qui partait pour la France. Mais la mère supérieure en avait décidé autrement. Elle m'envoya en cuisine, faire la petite main. Et je devais aussi nettoyer les chambres des malades, vider les poubelles… Oh non ! Je recommençais. Comme avant ? Pas tout à fait. C'était pire. J'étais mal nourrie. Je n'avais droit qu'aux restes. Et la mère supérieure me surveillait ! Parfois, la cuisinière substituait quelques pommes de terre. Mais attention ! Les sœurs comptaient tout. Pour préparer les repas, la cuisinière s'approvisionnait sous l'œil attentif de la sœur économe. Celle-ci sortait une grosse clé de sa jupe et ouvrait comme à regret le garde-manger, qu'elle refermait le plus vite possible. Un jour, la sœur économe perdit sa précieuse clé… La cuisinière la lui avait substituée. Pour une fois, je mangeai à peu près correctement.

Ma foi en Dieu fut mise à rude épreuve. Jamais je n'aurais pensé qu'il existait des sœurs aussi mauvaises. De bonnes, elles n'avaient que le nom. J'en voulais plus particulièrement à la mère supérieure qui aurait dû être un exemple de charité. Au bout d'une semaine, je n'en pouvais plus. J'écrivis à ma mère pour lui demander un peu d'argent. Je l'implorai de trouver un prétexte qui me permette de rentrer à la maison. N'importe quoi, pourvu que je puisse quitter cet endroit et revenir chez moi. Je reçus enfin la lettre salvatrice ! Ma mère était soi-disant malade. Mon père prétendait avoir besoin de moi. La mère supérieure autorisa mon retour. J'avertis mes copines. Elles me rirent au nez, m'accusant de mentir. Elles avaient ouvert ma lettre ! Je savais qu'elles s'amusaient à substituer des lettres. Je les avais surprises une fois qui gloussaient en lisant la correspondance d'une élève infirmière et de son amoureux. Mais je pensais qu'elles auraient respecté mon courrier. Je m'étais trompée. J'ai dû les supplier de ne rien révéler à la mère supérieure.

Dans l'autocar qui me ramenait au village, je me sentais meurtrie. Je pensais à mes prétendues copines, aux sœurs, et à la mère supérieure. Mais à qui pouvais-je faire confiance ? Les passagers me regardaient, attristés. Ils pensaient probablement que je venais de perdre quelqu'un. Ou que j'avais un chagrin amoureux. Pour me distraire, j'observai les passagers et le chauffeur. Tiens, c'était celui qui m'avait conduite à Porto, deux semaines plus tôt. Il était jeune. Il paraissait gentil, et avait un air doux. C'était un beau garçon ! Ce qui ne gâchait rien. Lui aussi m'avait reconnue. Il vint me voir au premier arrêt et me fit asseoir devant, juste à côté de lui. Il m'a regardé longuement. « Vous vous rappelez de moi ? » « Oui. » « Et vous vous souvenez de ce que je vous ai dit quand vous êtes descendue de l'autocar ? » Non. Je ne me souvenais même pas qu'il m'avait parlé. « Mais si… j'ai salué vos copines d'un au revoir, et vous d'un à bientôt. J'étais sûr que vous ne resteriez pas longtemps. » C'était vrai que nous étions différentes. Même si j'ai parfois fait des bêtises – pour ne pas aller à l'école par exemple – j'étais très timide. Un rien me troublait, alors qu'elles… Ses paroles me firent un bien fou. Je ne les ai jamais oubliées. Je me suis sentie unique. J'étais timide, mais ce jour-là, j'ai beaucoup parlé. À la fin de voyage, nous avons échangé nos adresses. J'ai noté ses horaires. Par la suite, on s'est revus assez souvent. Chaque fois que j'allais en ville, je m'arrangeais pour prendre son bus. Aujourd'hui encore, je garde cette amitié en mémoire.

Ce soir-là, lorsque j'arrivai à la maison, ma mère se fâcha. Comme d'habitude. Mon père rit. Comme d'habitude. Et moi, je me mis à pleurer. Comme d'habitude. Ma mère me prit dans ses bras. Elle me cajola. Elle était quand même heureuse de me voir. J'étais contente d'être rentrée, et je ne voulais plus jamais m'éloigner. On est restés longtemps au coin du feu à discuter d'un peu tout et d'un peu rien. Et aussi de mon avenir. J'ai promis de réfléchir à ce que je voulais faire. Mais là, j'étais fatiguée.

***

Pendant quelque temps, j'ai travaillé pour les voisins, ramassant les olives et les amandes, vendangeant… Il fallait bien gagner un peu d'argent.

***

Lorsque j'eus dix-huit ans, ma mère me proposa d'apprendre la coiffure. Une de mes cousines pouvait m'initier, et ma tante me loger. Oui. Pourquoi pas. De toute façon, c'était ça ou épouser un fermier ou un berger. Ma tante et ma cousine acceptèrent de me prendre en charge. Et me voilà à nouveau en ville. J'habitais chez ma tante avec ma cousine et deux de mes cousins. Ma cousine m'enseignait le métier de coiffeuse. En échange, j'aidais aux tâches ménagères et dans les vignes. Cela me convenait bien. Ce n'était pas difficile. C'était comme chez moi. Et puis, avec mes cousins-cousine, on était comme des frères et sœurs.

Le soir, on sortait. On se réunissait à la *bica*[7]. Une grande fontaine de marbre. Je ne me rappelle plus si de l'eau y coulait. Elle se situait légèrement à l'écart de la ville. C'était bien pour des jeunes. On se promenait aussi en ville. On flirtait un peu, discrètement. On n'avait pas le droit de tenir un garçon par la main. Et encore moins de l'embrasser. Si l'on embrassait un garçon en public, c'était qu'on était fiancée avec lui et prête à l'épouser. C'était la dictature de Salazar. On ne pouvait pas s'exprimer, et encore moins agir,

---

[7] Fontaine publique, en portugais.

librement. Il arrivait qu'on se retrouve dans un café. On discutait politique. On parlait tout bas. En faisant attention à ce que personne ne nous entende, sinon c'était la prison. Direct. Les policiers en civil guettaient. Ils appartenaient à la PIDE[8]. La PIDE, petite sœur de la Gestapo, arrêtait tous ceux qui osaient critiquer un tant soit peu la politique de Salazar.

J'étais heureuse. J'étais en famille. Je m'amusais beaucoup et, tous les week-ends, je rentrais à la maison. J'avais encore du mal à quitter mes parents les lundis matin. J'étais toujours très attachée à eux. Cela me perturbait de les voir encore autant s'éreinter au travail alors qu'ils avançaient en âge.

Toute leur vie, mes parents se sont sacrifiés pour leurs enfants. Sans guère de retour. Quand ils ont eu besoin d'eux, quand ils sont tombés malades, ces ingrats n'étaient pas là. Mon père est resté quatorze jours dans le coma avant de décéder. Certains ne sont même pas venus le voir.

---

[8] La PIDE ou Police internationale et de défense de l'État (*Polícia Internacional e de Defesa do Estado* en portugais) était la police politique de l'État portugais pendant l'*Estado Novo* de Salazar.

Autant en emporte la vie

Pendant très longtemps, je me suis sentie responsable de la mort de mon père. Cette impression ressurgit encore quelquefois aujourd'hui. Il est parti après Noël. J'avais depuis longtemps immigré en France et je travaillais comme contrôleuse qualité dans un laboratoire de microélectronique. J'avais négocié une semaine de vacances que je devais passer avec mes parents. Lorsque j'arrivai, je remarquai tout de suite que ma mère n'allait pas bien. Je la fis hospitaliser à Mirandela. On diagnostiqua une pneumonie. La réaction de mon père fut stupéfiante, et émouvante. Il paraissait perdu sans ma mère. Il cauchemarda toute la première nuit. Il marmonnait dans son sommeil : « Où es-tu ? Jamais je n'ai vécu sans toi ? Tu me manques trop… » Il s'agitait et je le surveillais comme un enfant. Je lui remontais sa couverture. Je le réconfortais : « Elle va bientôt revenir. Je resterai là tant qu'elle sera loin… »

La séparation fut de courte durée. Deux jours plus tard, ma mère surgissait devant nous. « Je suis guérie. Les médecins m'ont laissée sortir. » C'était faux. Elle se sentait guérie, ce qui est différent de l'être. Et elle avait décidé de rentrer, sans demander l'avis de qui que ce soit. Elle avait commencé à pied, puis avait pris le bus. L'hôpital avait prévenu mon beau-frère. Il était hors de question pour ma mère de repartir. Nous dûmes signer une décharge.

Mon père se précipita vers sa femme dès qu'il la vit. Ils se jetèrent dans les bras l'un de l'autre. Ils s'embrassèrent. Ils se bécotèrent. On aurait dit deux jeunes amoureux. C'était charmant.

Tout allait mieux, je pouvais donc retourner en France. Je préparai ma valise. La descendis. Puis je me rendis au téléphone public pour appeler un taxi. Ce ne fut pas un taxi que j'ai finalement appelé, mais l'ambulance. On était venu me prévenir que mon père était tombé. Comme cela. D'un coup. Il était inconscient. Il ne devait jamais se réveiller. Il est mort après quatorze jours de coma.

Mon père était tombé près de ma valise. Mon inconscient m'a dicté que c'était donc de ma faute. Le choc de me savoir partir. J'écrivis à mes frères et sœurs pour leur demander de me pardonner. Ils me répondirent tous qu'il n'y avait pas de pardon à donner, que je n'avais rien fait. Il est vrai que notre père était déjà handicapé par deux attaques. De plus, depuis plusieurs mois, il toussait. Il était faible. Le médecin aussi tenta de me déculpabiliser. Mais rien n'y fit. Je m'en voulus terriblement.

J'ai porté le deuil pendant plus d'un an. J'étais un corbeau noir.

***

Ma mère est tombée malade dix ans après le décès de mon père. J'étais loin d'elle et malgré tout, je dus gérer. Je lui téléphonais plusieurs fois par jour. Je faisais des allers-retours depuis la France dès que je pouvais. Ce n'était pas suffisant. Je cherchais désespérément quelqu'un pour s'occuper d'elle, sur place, au Portugal. J'ai été jusqu'à proposer à ma sœur Luisa de la payer pour prendre en charge un minimum notre mère. Elle a refusé. Elle l'a regretté par la suite. Je finis par trouver une femme pour aider maman. C'était une jeune femme, un peu perdue, qui vivait seule avec son enfant. Je ne la connaissais pas personnellement, mais c'était ça ou rien. Je la soupçonne aujourd'hui d'être pour une part responsable de la mort de ma mère. Je pense qu'un soir elle lui a donné trop de somnifères. Il a fallu l'hospitaliser. Elle s'est réveillée dans un état végétatif. Il paraît qu'elle était morte cliniquement. C'était en tout cas ce qu'a dit le médecin. Elle avait les yeux ouverts et des tuyaux la remplissaient et la vidaient. Son cœur battait. Il n'y avait rien à faire d'autre que d'attendre l'arrêt des battements de son cœur. Elle est rentrée chez elle dans cet état.

La dernière fois que je l'ai vue vivante, elle était couchée sur mon lit. Elle survivait, branchée aux tuyaux qui l'hydrataient. Attendre que son cœur cesse de battre. Très difficile à entendre. Et encore plus à vivre. Il me semblait que ma mère me regardait avec un regard quémandant la pitié. Mais je ne savais pas ce qu'elle ressentait. J'espérais qu'elle ne souffrait pas et qu'elle était en paix. Je ne pouvais rien faire. Seulement attendre. J'avais envie d'arracher fils et tuyaux, et de la laisser partir. Mais, comme l'avait dit le médecin, cela n'aurait servi à rien sauf peut-être à augmenter sa douleur.

Ma mère est décédée juste trois mois avant ces quatre-vingt-dix ans. Je pense qu'allongée sur son lit, inerte, elle avait encore de la volonté et qu'elle s'est laissée mourir. Ma mère m'avait toujours dit qu'elle voulait finir sa vie chez elle, et elle est morte le lendemain du jour où Luisa la transféra chez elle.

Les funérailles de ma mère ont eu lieu un 1er novembre. Beaucoup de monde y assista. C'est malheureux à dire, mais c'est souvent dans ce genre d'occasions que les familles se rassemblent. J'y ai rencontré des cousins et cousines que je ne connaissais pas. J'y ai aussi retrouvé un frère que je n'avais pas vu depuis des années. Mais notre fratrie n'était pas au complet. Certains n'ont pas fait l'effort du déplacement. Ils n'ont pas assisté à l'enterrement de notre mère, pas plus qu'à celui de notre père.

Ce jour-là, pour venir de France, j'ai pris un taxi. Il fonça. S'arrêtant à peine. Au grand dam des deux autres passagers. Malgré tout, je suis arrivée en retard. Il y avait déjà tant de monde. Sûrement des amis de mes parents. Je ne les connaissais pas pour la plupart. Des inconnus m'embrassaient et me présentaient leurs condoléances. Je n'avais pas trop envie que l'on m'approche. Je venais de faire plus de deux mille kilomètres et je ne me sentais pas présentable. Quelqu'un me tira par le bras : « Mili, viens, le prêtre veut te voir. » Oui, le prêtre. Le remercier de m'avoir attendu. Réagir. « Bonjour Mili. Maintenant que tu es là, on peut commencer. Mais je te laisse cinq minutes pour dire au revoir à ta maman. »

Je connaissais bien le prêtre et il m'aimait bien. J'étais le premier bébé qu'il avait baptisé après son ordonnancement. Il faut croire que cela crée des liens. Je l'avais prévenu que je risquais d'être en retard, le suppliant de ne pas procéder à l'inhumation sans moi : « Vous pouvez faire tout ce que vous voulez. La cérémonie, les prières, les condoléances. Mais ne mettez pas son corps en terre tant que je ne suis pas là. » Il a fait mieux. Il m'a attendue.

J'aurais bien voulu être, ne serait-ce que cinq minutes, seule avec ma mère. Mais il y avait tellement de monde… Je ne voulais pas me laisser aller devant ces gens. Je n'ai donc pas pu lui dire qu'elle allait me manquer. Ni que je l'aimais. Ni lui demander d'oublier nos différends. Je n'ai pas pu la charger d'embrasser mon père. J'aurais tant voulu qu'elle lui dise qu'il me manquait. Je songeai aux fois où j'avais été dure avec elle : « Pardonne-moi, maman. »

Je n'ai pas pu me confier à ma mère. Mais elle avait conscience de tout cela. J'en suis sûre. Son cœur savait que je les aimais tous les deux. Et que j'avais fait mon possible. Je venais les voir dès que je pouvais. J'avais essayé de leur rendre un peu de ce qu'ils m'avaient donné. J'avais tenté d'améliorer leur vie. Je leur avais fait construire une maison pour leurs vieux jours. La plus confortable qu'ils n'eurent jamais. Avec un pressoir en bas. C'était la première chose que j'avais fait mettre. Un pressoir. Mon père en fut ravi. Mais il ne profita pas de cette maison. Il décéda avant qu'elle soit finie. Ma mère y vécut quelques années. Et moi, je venais l'y retrouver chaque fois que je le pouvais. Mais, mon plus beau cadeau est sans doute celui dont ils ne se sont jamais doutés. Je leur ai caché la vérité sur ma vie en France.

Maman n'est pas décédée chez elle. Mais elle y a tant vécu qu'aujourd'hui, bien des années après sa disparition, je sens encore son odeur. Et j'aime ça. J'en ai besoin. J'ai l'impression qu'elle est toujours à mes côtés.

Cela fut difficile après sa mort. Particulièrement les trois premières années. Je continuais à retourner au Portugal. Mais c'était plus fort que moi, je ne pouvais pas y rester. Après quelques jours, je repartais. La tristesse était trop forte. Ma mère hantait mon esprit. Je l'imaginais assise sur la terrasse, attendant que je lui apporte le café. Mais non, elle n'était plus là. Le café était amer. Il m'a fallu beaucoup de temps pour m'habituer à son absence.

Comme un souffle d'indépendance

Le temps passait. J'allais avoir vingt ans. J'étais petite, mais plutôt mignonne avec mes cheveux courts et mes yeux marron. Mes parents se mirent à me parler de mariage. Ma mère aurait aimé que j'épouse un de mes cousins . Elle commença même à s'organiser avec ma tante. Pour moi, c'était hors de question. J'aimais beaucoup mon cousin. Comme un frère. Il remplaçait ceux qui étaient partis. À partir de ce moment-là, mon cousin changea d'attitude. Il ne me regardait plus comme avant. Ou c'était moi qui le voyais différemment. Quoi qu'il en soit, je ne pouvais pas continuer à habiter chez ma tante.

Beaucoup de jeunes partaient alors en France pour fuir le régime de Salazar et trouver un meilleur emploi. Alors, pourquoi pas moi ? J'avais déjà une sœur en France. À Paris. Odília. Elle pourrait m'accueillir, dans un premier temps. J'en parlai à ma cousine, qui promit de me rejoindre une fois que je serais installée. Il me restait à convaincre mes parents. Et ce ne fut pas immédiat. Ils refusèrent d'abord tout net. Et se fâchèrent. Même mon père. Pas de rires cette fois-ci. La France était trop loin… Comment pouvaient-ils m'opposer cela ? Ils avaient des enfants au Brésil, et en France justement. Je n'avais pas vingt et un ans.

Je n'étais donc pas majeure, et je ne pouvais pas partir sans leur autorisation. De toute façon, je ne le souhaitais pas. J'avais besoin de leur consentement pour pouvoir envisager mon avenir.

Je continuai donc les allers-retours entre ma tante et ma mère. L'apprentissage de la coiffure la semaine, et le week-end au village. Mais ce n'était plus comme avant. Peut-être que quelque part, j'en voulais à mes parents. Et j'avais besoin de liberté. Ma mère le sentit et elle craqua. Elle accepta que je m'expatrie en France[9]. À condition que j'aille chez ma sœur. Et que le voyage soit organisé.

J'écrivis immédiatement à Odília, qui me répondit par retour de courrier. Elle connaissait quelqu'un de confiance qui viendrait me chercher en Espagne. Et avant cela, un passeur me ferait traverser le Douro[10] pour quitter le Portugal.

***

J'étais prête. Je partais pour la France, pleine d'espoir. Ma nouvelle vie allait commencer. Mais j'étais aussi déchirée de laisser mes parents. Enfin, il fallait bien un jour que l'oiseau quitte le nid. Et pour moi, c'était le moment. Avant de partir, mon père et ma mère me bénirent : « Fasse que ta

---

[9] L'émigration portugaise pour la France a eu lieu principalement de 1957 à 1974. Les émigrés cherchaient à fuir la dictature de Salazar et visaient une amélioration de leurs conditions de vie et de leur statut social.
Des réseaux clandestins se mirent en place pour permettre la traversée de l'Espagne et l'entrée en France. Lorsqu'à partir de 1965, l'Espagne cessa de réprimer le passage clandestin des Portugais, ce ne furent plus seulement des hommes, mais aussi des femmes, voire des familles, qui migrèrent vers la France. L'émigration restait illégale, les sorties du Portugal étant bloquées, mais la France régularisait la situation des clandestins portugais.
La France cessa de favoriser l'immigration portugaise lors de la fin de la dictature de Salazar en 1974.
[10] Un des fleuves qui séparent le Portugal de l'Espagne.

vie soit la plus heureuse possible. » Je promis de penser à
eux chaque jour.

Illusions et désillusions

Je quittai le Portugal. Le bus me conduisit jusqu'au point de rendez-vous avec le passeur. Mon passeur était une femme. Très gentille. Elle se dirigea vers moi dès qu'elle m'aperçut. L'absence de bagage et mon air apeuré parlaient pour moi. Je devais être *la personne*. Elle m'expliqua brièvement notre itinéraire. « Vous ne parlez pas espagnol, n'est-ce pas ? Alors, surtout, si on croise des policiers espagnols, vous dites rien ! Vous me laissez parler. »

On traversa champs, forêts et vignes avant d'atteindre le fleuve. Après une demi-journée de marche, je me retrouvai au bord du Douro. Je scrutai ses rives. Rien. Pas de barque. « On traverse à la nage », m'avertit ma passeuse. À la nage ! Pas question ! Moi, je ne traversais pas ainsi. Et d'une, je ne savais pas nager. Et de deux, l'eau me terrifiait. « C'est pas grave. Je vous aiderai. Vous êtes pas la première qui sait pas nager et que je fais passer. Restez près de moi et tout ira bien. » Les paroles de ma guide ne me rassurèrent pas vraiment, mais elle s'empara de ma main et me tira dans l'eau. Durant toute la traversée, elle me tint par le bras. Je tremblais comme une feuille et faillis tomber plusieurs fois, cependant j'y arrivai. Tout doucement, soutenue par ma passeuse, je franchis le fleuve. Une fois sur la rive espagnole, je me serais bien assise pour reprendre mes esprits, mais je n'en eus pas le temps. Deux agents de la *Guardia civil*[11] venaient vers nous. Cherchaient-ils des clandestins ? À l'époque, beaucoup de Portugais traversaient l'Espagne pour gagner la France et, même si les autorités espagnoles étaient alors plus tolérantes envers ce flux migratoire qu'elles ne l'avaient été auparavant, il fallait se méfier[12]. Non loin de nous, des Espagnoles lavaient leur linge. On se fondit dans leur groupe. Une des femmes me tendit un drap et s'adressa à moi. Elle devait me dire de le laver. Je m'exécutai. Les policiers s'approchèrent. Ils interpellèrent les lavandières. Ma passeuse se mêla à la conversation. Moi, je frottais, et je souriais en faisant mine de suivre les échanges. Intérieurement, j'étais affolée. Après quelques échanges, les policiers s'éloignèrent. J'aperçus alors un homme couché sur le sable, immobile. Il se leva et vint à notre rencontre. C'était l'ami de ma sœur. « Antero », se présenta-t-il en me serrant la main. Antero paya comme convenu la passeuse. Elle me souhaita bonne chance et fit demi-tour. Antero et moi attendîmes, cachés, le passage d'un autobus pour la gare.

Je croyais être à l'abri de tout danger dans le bus. Installée à l'arrière, je contemplais même la route à travers la vitre. Mais, à un arrêt, la *Guardia civil* nous attendait encore. Les agents montèrent à bord et commencèrent à contrôler les

---

[11] Une des polices espagnoles.
[12] En 1965, une circulaire de la *Dirección General de Seguridad* donne l'ordre aux policiers espagnols de laisser transiter les Portugais sans passeport. Elle fait suite à un courrier de l'ambassadeur espagnol à Lisbonne adressé au ministre espagnol des Affaires étrangères et dans lequel il « soumet l'idée que [la] police et la *Guardia civil* se montrent beaucoup plus libérales avec les émigrants portugais et cessent de faire des faveurs aux autorités portugaises dans un domaine si délicat ».

papiers des passagers. Je paniquai. Je glissai lentement sous mon siège, même si je savais bien que je ne pourrais pas m'y cacher correctement. Une maman qui tenait sa petite fille dans les bras comprit que j'étais une clandestine. Elle poussa du coude l'homme à son côté. Ils se levèrent et commencèrent à râler. Ils étaient en retard. Il fallait y aller. Ils furent soutenus par plusieurs autres personnes. Bientôt, tout le bus fut debout, sauf moi qui restais recroquevillée sous le siège. Les policiers se concertèrent, hésitèrent un instant, puis nous laissèrent repartir sans pousser plus loin leurs vérifications. Décidément, cela faisait deux fois en quelques heures que des Espagnols venaient à mon secours…

À la gare, on prit un train pour Paris. Le train s'arrêta à Hendaye. « *Estamos perto da fronteira francesala*[13-14] », me souffla Antero. En jetant un coup d'œil par la fenêtre, je découvris des quais remplis de policiers. On nous obligea à descendre. Que se passait-il encore ? Les gens s'agitaient et posaient des questions. Certains commençaient à s'énerver. Même avec la meilleure volonté du monde, je ne parvenais pas à saisir les sens de ces mots étrangers. Une file indienne s'organisa guidée par les policiers. Elle nous mena à des postes de la Croix-Rouge. J'avalai les cachets qu'une infirmière me tendait. Je retrouvai Antero. Il s'était renseigné. Les cachets, c'était par précaution. Pour éviter la propagation d'une épidémie qui sévissait en Espagne.

Il fallait ensuite passer la douane avant de remonter dans le train. Je n'avais pas de papiers. Je me retrouvai donc

---

[13] En portugais dans le texte. « Nous sommes à la frontière française. »
[14] Les dialogues portugais sont volontairement laissés dans leur langue d'origine.

escortée par deux agents jusqu'à un bureau. Ils commencèrent à me questionner. Je restai muette. Je ne comprenais pas un traître mot de ce qu'ils baragouinaient. J'étais une clandestine. Et qui plus est, mineure ! L'angoisse me gagnait. Ils allaient me renvoyer au Portugal. Tous ces efforts pour rien !

Les policiers rirent. Sûrement qu'ils se moquaient de moi. Néanmoins, je les regardai et souris. Ils me parlaient, tout en gesticulant. Je sortis le seul papier dont je disposais, une petite feuille où était notée l'adresse de ma sœur. Mais ce n'était pas cela qu'ils voulaient. Je le savais bien. Je fondis en larmes. Je pleurai comme une gamine. Apitoyés, les policiers me rendirent le papier et me tendirent… un laissez-passer. Puis, ils me firent signe de partir. « *Obrigado*[15] », murmurai-je, et je filai. Après les Espagnols, les Français m'aidaient… Dehors, Antero m'attendait. Il s'inquiétait. Tout allait bien ! mais, vite, je voulais remonter dans le train le plus rapidement possible. Si les policiers changeaient d'avis et venaient me chercher…

On a roulé toute la nuit pour arriver au petit matin à la gare d'Austerlitz. En descendant du train, j'aurais presque pu me croire à Porto. On parlait portugais. La gare rengorgeait de Portugais. Certains assis, d'autres couchés à même le sol. C'étaient des sans-papiers. Tout comme moi. Ils avaient immigré dans l'espoir d'un meilleur avenir. Comme moi. Mais pour l'instant, ils n'avaient pas d'emploi. Pas de logement. Ils venaient ici tous les soirs, dormir dans la gare. Au chaud. Et tous les matins, ils repartaient à la recherche d'un travail. Premier contact avec la France. Pas vraiment à

---

[15] « Merci », en portugais.

la hauteur de mes espérances. Heureusement, moi, j'avais ma sœur.

Odília habitait dans le Val-de-Marne. Sa maison était une baraque en bois sur une zone de stockage de matériaux de construction. Son mari en était le gardien. Les voleurs n'avaient qu'à passer leur chemin. Il avait toujours un fusil à portée de main.

Enfin, j'arrivai chez ma sœur. Tout le monde m'attendait. Mes nièces étaient excitées comme des puces. Cela faisait un peu plus d'un an que je ne les avais pas vues. Et moi, j'étais soulagée d'être enfin arrivée. Tellement soulagée que j'en oubliai presque d'être contente.

***

Je devais régulariser ma situation. À l'époque, pour les Portugais, c'était assez facile. La France avait besoin de main d'œuvre. Il fallait cependant avoir un emploi. Je commençai donc par remplacer Odília, avec l'accord de ses patrons. Un couple formidable. Je m'occupais de leur bébé. Mais, malheureusement, je ne restai pas longtemps. Juste le temps d'obtenir mes cartes de travail et de séjour.

***

Le jour où je reçus ces papiers, je dus chercher un autre emploi. Une amie de ma sœur me trouva une place dans une usine d'embouteillage de porto. Le porto[16] arrivait dans d'énormes citernes. Et on mettait en bouteille ce bout de mon pays natal. C'était un travail à la chaîne. Moi, j'étais en

---

[16] Le porto est un vin portugais, produit dans le Haut Douro, à une centaine de kilomètres de la ville de Porto. C'est le *vinho verde* qui est produit aux alentours directs de Porto.

55

fin de chaîne. Je récupérais les bouteilles et les regroupais dans des cartons d'emballage. Il fallait faire vite pour ne pas les laisser tomber. Le soir, j'avais les mains toutes fissurées. Elles étaient en sang.

Le chef d'atelier était raciste. Il en avait toujours après moi. Je n'allais jamais assez vite. Il en profitait, car je ne comprenais toujours pas le français. Malgré tout, je voyais bien qu'il m'insultait. Mais je n'osais pas protester. Ce fut une collègue qui avertit le directeur. Celui-ci me changea de place dès le lendemain. C'était moins difficile. J'étais soulagée. Mais, ce ne fut pas du goût du chefaillon. Furieux, il se précipita sur moi, la main levée pour me frapper. Je criai ! Un collègue africain se retourna, saisit une bouteille et le menaça : « Tu l'oublies ou je te casse ça sur la tête ! » Il se calma. À partir de ce moment, il ne m'adressa plus la parole et me laissa tranquille.

Je donnai ma démission quelques jours plus tard. Le harcèlement de mon chef m'avait éprouvée. Mais il n'y avait pas que cela. Il avait aussi, et surtout, le trajet. Pour aller travailler, je devais marcher avant de prendre le bus. L'arrêt était loin du logement de ma sœur. Marcher, ce n'était pas grave. J'avais l'habitude. Mais tout dépendait où. Ici, je devais descendre une longue rue le matin et la remonter le soir. C'était une rue quasiment déserte. Et elle était mal éclairée. Des lilas la bordaient de chaque côté, qui cachaient la lumière des lampadaires. Un soir, je me hâtais comme d'habitude, lorsque j'entendis des bruits derrière moi. Je me retournai et vis un jeune homme avec un bras en écharpe. Je pressai le pas, tout en jetant des coups d'œil en arrière. Le jeune homme me suivait toujours. Il n'avait pas l'air méchant. Cela me rassurait presque qu'il fût là. Je n'étais plus toute seule. Mais soudain, il défit la bande qui tenait son bras et commença à courir dans ma direction. Affolée, je détalai. Mais on n'était plus dans la cour de récréation quand je battais tout le monde, garçons compris. L'homme gagnait du terrain et se rapprochait de plus en plus. La rue s'assombrissait. Mon cœur battait très fort. Mes jambes tremblaient. « *Ajuda! Mom! Pai!*[17] » Tant de choses défilaient dans ma tête. Je pensais surtout à mes parents. Je croyais vraiment que je vivais mes derniers instants. Alors, j'ai prié la vierge Marie, la suppliant de m'envoyer des secours. Mais, rien. Je ne voyais personne. À part mon poursuivant qui s'apprêtait à me saisir le bras. Ce fut alors que, miracle, un homme surgit d'un petit chemin que je n'avais pas remarqué. C'était Antero, l'ami de ma sœur qui m'avait guidée d'Espagne en France. « Antero ! » Mon poursuivant stoppa net sa course et prit la fuite. Antero lui courut après, sans succès. Il devait s'être caché dans des buissons. Antero revint vers moi et me calma. Je le remerciai chaudement. « *Sem você, eu não sei o que teria acontecido. Porque você estava lá? Você nunca passa por aqui !*[18] » C'était le hasard qui l'avait guidé. D'habitude, il passait toujours par la rue principale, un peu plus loin. Mais, là, il avait souhaité réfléchir un peu et avait pris ce petit chemin pour être seul.

Aujourd'hui, des années après, je pense que le hasard n'avait rien à voir, mais que mes prières avaient été entendues.

---

[17] En portugais dans le texte. « Au secours ! Maman ! Papa ! »
[18] En portugais dans le texte. « Sans vous, je ne sais pas ce qui se serait passé. Pourquoi étiez-vous là ? Je ne vous ai jamais rencontré avant. »

Quand j'étais petite – j'avais sept ou huit ans, alors que je revenais de porter le déjeuner à mon père dans les vignes et que je rentrais à la maison tremblante de peur à la perspective de rencontrer des loups, j'avais aperçu une dame qui descendait la montagne. Elle était très belle. Elle était très grande. Elle portait une longue robe. Elle irradiait. Elle marchait droit vers moi. Marchait ! Non ! On aurait cru qu'elle flottait. J'avais pris mes jambes à mon cou et je m'étais enfuie. Au bout d'à peine quelques mètres, poussée par la curiosité, je m'étais retournée. Personne. Je n'avais vu personne. Je m'étais interrogée. N'était-ce pas un revenant ou un fantôme ? Dans mon village, on parlait beaucoup d'êtres surnaturels. Les gens étaient superstitieux. Ils croyaient en Dieu, mais aussi à d'autres mystères. Je n'ai jamais parlé de cette apparition. Et je l'ai oubliée pendant des années. Aujourd'hui, elle me revient en mémoire et je me pose beaucoup de questions. Était-ce une personne venue d'ailleurs ? Mon ange gardien ? Tout au long de ma vie, j'ai eu beaucoup de malheurs, j'ai failli y laisser ma peau plusieurs fois. Avortements sauvages. Tentatives de suicide. À chaque fois, quelqu'un m'a sauvée. Miraculeusement.

J'ai donné ma démission de l'usine d'embouteillage. Mon beau-frère m'a accompagnée matin et soir au travail, le temps du préavis.

***

J'ai ensuite été embauchée comme femme de ménage chez une vieille qui s'avéra malhonnête. Elle ne me payait pas. Mon beau-frère m'a alors trouvé une place d'employée de maison chez un couple fortuné. Il fallait leur parler à la troisième personne. Moi qui ânonnais le français, je me demandais ce qu'était cette troisième personne !

Je logeais chez mes patrons. Sauf le week-end, où je retournais chez ma sœur. J'avais une chambre au sous-sol avec une petite fenêtre qui donnait sur le jardin, sans rideau ni volet. Le soir, lorsque j'avais fini mon service, je descendais dans ma chambre, j'allumais et je me déshabillais. Pas d'inquiétude à avoir. Personne ne passait dans le jardin à cette heure-là. Tout allait bien. J'aurais dû me méfier de lui. Un jour, je montais les escaliers, les bras chargés de courses, lorsque je l'entendis qui me suivait. En me retournant, je le vis, ridicule, grotesque, presque couché par terre, qui lorgnait sous ma jupe. Au repas du soir, je fis la tête. Il n'osa pas me regarder. Je crus qu'il en resterait là. Mais, quelque temps plus tard, au moment de me coucher, j'aperçus une ombre dans le jardin. J'éteignis et je le vis derrière la fenêtre qui m'observait. J'étais nue. Ce n'était probablement pas la première fois qu'il me voyait ainsi. Je ressentis un mélange de colère et de honte. J'arrachai le drap du lit pour masquer la fenêtre. Mais je ne pus pas. Il n'y avait rien pour l'accrocher. Je m'enveloppai du drap et je me couchai. Je n'ai pas dormi de la nuit. Pour moi, c'était comme un viol. J'avais reçu comme tel cette intrusion dans mon intimité.

Le lendemain, je servis le petit déjeuner sans lever les yeux. Mon attitude était tellement étrange que la maîtresse de maison me demanda si je me sentais bien. Je hochai affirmativement la tête. J'avais envie de parler, mais je ne dis rien. À quoi bon. C'était ma parole contre celle de son mari. Elle ne m'aurait pas crue. Ou elle n'aurait pas voulu me croire. Je donnai ma démission. Mais il y avait le préavis. Je finis la semaine et le week-end, j'informai ma sœur et son mari de ma décision. Et des raisons. Mon beau-frère bondit sur sa mobylette signifier ses quatre vérités à ce voyeur. Pour éviter le scandale, celui-ci me paya le mois. Et je suis partie sans préavis.

Je sais maintenant que cet homme qui traumatisa la jeune fille naïve que j'étais n'était qu'un louveteau. Les loups restaient à venir.

***

Je me retrouvais donc une fois de plus à chercher un emploi. La marraine de ma plus jeune nièce rendait souvent visite à sa filleule le week-end. C'était une immigrée portugaise, comme nous. Elle avait épousé un Français. Elle venait accompagnée de son mari et, parfois de son beau-frère. Ce dernier me faisait la cour. Il s'appelait Jacky.

Jacky connaissait quelqu'un qui vivait seul avec ses deux enfants. Cet homme était séparé de sa femme. Il habitait à Bures-sur-Yvette. Il avait besoin d'une employée de maison sérieuse. Je n'étais pas intéressée. Je ne voulais sûrement pas aller chez un homme seul ! Mais Jacky m'expliqua que l'homme travaillait beaucoup. Il n'était que très rarement chez lui. La semaine, il rentrait tard. Je ne le verrais donc pas. Je ne le rencontrerais que brièvement le samedi, avant de partir en week-end, et le dimanche en revenant. J'aurais mes week-ends libres. Ce qui était quand même bien. En plus, Jacky proposait de me servir de chauffeur pour mes trajets. Dans ces conditions, cela pouvait peut-être me convenir. J'acceptai un entretien. Lorsque j'arrivai, l'homme n'était pas encore là. Je fis connaissance des enfants, qui étaient alors gardés par une jeune étudiante.

Deux garçons, de deux et quatre ans. Le petit m'adopta tout de suite. Le grand, par contre, me donna des coups de pied dans les jambes. Le soir, je devais m'apercevoir qu'elles étaient remplies de bleus. Cela ne m'a pas découragée. On s'était déjà mis d'accord. J'allais travailler pour cet homme.

Au début, ce fut très dur. Prendre en charge deux enfants inconnus. Et l'aîné montrait toujours de l'animosité. Mais les petits s'attachèrent vite à moi. Et moi à eux.

Pendant un an, je rentrais chaque week-end chez ma sœur. Jacky tenait parole. Il me conduisait les samedis et les dimanches. Très souvent, nous passions le dimanche ensemble. Il a fini par devenir *mon* Jacky. Mon Jacky était gentil. On se promenait. Je n'étais pas amoureuse, mais je l'aimais bien. Ma sœur était ravie que je sorte avec lui. Un Français ! Cela aurait pu continuer longtemps et peut-être que j'aurais pu l'aimer, si on n'avait pas voulu décider pour moi. Car Jacky se mit à songer au mariage. Et il en parla à ma sœur avant même d'en discuter avec moi. Ma sœur était bien évidemment plus que satisfaite. C'était l'homme qu'elle m'avait choisi.

J'avais été très timide et très naïve. Je ne connaissais pas grand-chose de la vie. Et on avait voulu me marier malgré moi. Au Portugal. Mais ça faisait maintenant deux ans que j'étais en France. J'étais toujours timide et naïve. Mais plus autant. Je commençais à voir la vie autrement. Je vivais dans un pays libre. C'était à moi de choisir l'homme que j'épouserai. J'avais quitté un pays où régnait la dictature. Un pays où l'on était habituellement obligé de se marier avec l'homme que vos parents avaient sélectionné à votre place. Pour le meilleur, et souvent pour le pire. Alors, je n'allais pas me laisser marier contre mon gré, ici, en France. Je n'avais plus à obéir.

Un samedi que Jacky vint me chercher comme d'habitude, je ne me sentais pas bien. Je n'avais pas le courage de sortir. J'allais rester dans ma chambre pour la journée. Jacky le prit mal. Il se précipita pour se plaindre à ma sœur. Il lui monta la tête en affirmant que je ne voulais plus me rendre chez elle et que je n'acceptais pas de l'épouser. Le soir même, un coup de fil d'Odília m'ordonnait de la rejoindre sur-le-champ. Et peu importe que je me sentisse mal, qu'il fût tard et qu'il n'y eût plus de transport en commun. Je n'avais qu'à me débrouiller ! Mon patron me proposa de m'accompagner. J'acceptai. J'étais inquiète de la réaction de ma sœur. Les enfants ne pouvaient pas rester seuls. Ils virent avec nous.

Lorsque j'arrivai chez Odília, elle m'attendait avec mon beau-frère et deux amis, dont Antero. Cela me rassura qu'Antero soit là. Ne m'avait-il pas déjà conduite en France et sauvée dans la rue sombre ? Il était une sorte de protecteur. Jacky était déjà reparti. Mes nièces étaient contentes de me voir. À peine le temps de tous les saluer que ma sœur m'ordonna de la suivre dans sa chambre. Son mari nous accompagna et referma la porte. Elle commença immédiatement à me vociférer dessus. J'étais comme paralysée. Elle me jeta par terre. Il me roua de coups de pied. Je me mis en boule. Et arrêtai de penser. Je ne pleurai pas. Au bout d'une éternité, mon beau-frère quitta la chambre. Ma sœur se saisit d'un fusil et le pointa sur moi. « *Tu te casas com o Jacky ou te mato*[19] », me cracha-t-elle.

---

[19] En portugais. « Tu te maries avec Jacky ou je te tue. »

Elle n'était plus elle-même. Elle s'était comme métamorphosée. Un hurlement sortit de ma bouche. Mon patron enfonça la porte, lui arracha le fusil, me releva. Me sauva. Antero n'avait pas bronché. Finalement, il n'était pas mon ange gardien.

Dans la voiture, j'essayai de retenir mes larmes. Je ne voulais pas pleurer devant les enfants. Surtout, ne pas les effrayer. Ils nous avaient entendus crier, mais ils ne comprenaient pas trop ce qui s'était passé. J'aurais d'ailleurs bien été incapable de leur expliquer. Comment ma sœur qui m'avait accueillie en France pouvait-elle me braquer un fusil dessus ? Comment mon beau-frère qui m'avait soutenue plusieurs fois pouvait-il m'avoir battue ? Que s'était-il passé dans leur esprit ? Avec le recul, c'est surtout à ma sœur que j'en veux. Mon beau-frère, lui, était un faible. Il était sous l'emprise de sa femme. Tout comme devait l'être Antero.

J'ai essayé de rassurer les enfants : « Tout va *bem*. C'est *nada...* »[20] Chez mon patron, je m'enfermai dans ma chambre et revécus la scène toute la nuit, sans fermer l'œil. J'avais mal partout. Je voulais me serrer contre ma mère. J'avais besoin de lui parler. Mais, c'était impossible. Il n'y avait pas le téléphone au village. Alors, je commençai à lui écrire une lettre. Elle me manquait tant. Je regrettais tellement d'être partie de la maison. Je m'épanchais. Des flots sortaient de mon cœur. Cette lettre, je ne l'ai pas postée. Heureusement. Car ma mère aurait été capable de venir me chercher. J'ai passé la nuit avec une douleur terrible au ventre et au thorax. J'avais si mal que je pensais

---

[20] « Tout va bien. C'est rien... »

avoir les côtes cassées. La nuit fut incroyablement longue, et le lendemain encore plus. Il fallut pourtant que je me lève pour m'occuper des enfants. Toute la journée, j'ai fait semblant d'être en forme, mais ce n'était pas le cas. En accompagnant les enfants à l'école, j'avais hâte de rentrer me reposer. Toute la journée, je me suis sentie mal. Toute la semaine, je me suis traînée. Vide et nauséeuse.

***

Au bout d'une semaine de cet étrange état, j'en parlai à la secrétaire de mon patron. Je lui confiai tout ce qui s'était passé chez Odília. Les coups. Le fusil. « Et depuis j'ai mal au ventre, aux côtes. Peut-être même que j'ai des bleus à l'intérieur. Ma poitrine a gonflé. » Elle me regarda et me fit un sourire : « Tu ne serais pas enceinte ? Depuis combien de temps tu n'as pas eu tes règles ? Et tu as eu des rapports avec un garçon ? » J'acquiesçai, toute gênée et toute rouge. Maintenant que j'y pensais, cela faisait bien deux ou trois mois que je n'avais rien eu. Je n'y avais pas fait attention. Pas de doute, j'étais enceinte. Et je ne pouvais pas garder le bébé. La secrétaire connaissait une femme qui pratiquait des avortements. Je devais réfléchir assez vite, car j'étais manifestement déjà bien avancée. J'étais sonnée. Je ne savais pas quoi faire. Ni à qui parler. À Jacky, le père ? Je n'osais pas. On était trop en froid. À Odília, ma sœur ? Il n'en était pas question. Il en faudrait de l'eau sous les ponts avant que je lui pardonne. J'étais toute seule. Que faire ? Aller à l'hôpital. Impossible. L'avortement n'était pas autorisé[21]. Vraiment, que faire ? Retourner chez mes

---

[21] Une étude conduite par l'Institut national d'études démographiques en 1966 estime à environ 250 000 le nombre d'avortements par an en France, avec un taux de décès de 1/1 000. En janvier 1975, l'Assemblée nationale adopte la loi

parents ? Enceinte ! C'était hors de question. La honte les tuerait.

Alors, je décidai d'aller voir la faiseuse d'anges. Elle me reçut avec gentillesse et me fit entrer dans sa chambre aux avortements clandestins. Elle me demanda de la payer, puis elle commença sa besogne. Sauvagement. Avec une brutalité telle que je sentis presque le fœtus bouger dans mon ventre. Quelques minutes et c'était fini. J'étais prête pour repartir. « Je ne vous ai jamais vue. Vous n'êtes jamais venue chez moi. » lança-t-elle en me poussant dehors. Elle était moins aimable qu'à mon arrivée.

Je rentrai chez mon patron. J'avais un peu mal à la tête. Et aussi de légers vertiges. Rien de bien méchant cependant. J'allai récupérer les enfants à l'école et je préparai à manger. La routine quotidienne. Dans la nuit, je commençai à avoir mal, si mal. Puis la fièvre s'installa. Je délirai. J'ai dû crier, car mon patron vint me voir. Puis, plus rien. Je me réveillai trois ou quatre jours plus tard. Dans le lit d'une clinique.

Dans mes souvenirs, je perçois vaguement deux femmes venues pour changer mes draps. Elles étaient vêtues de blanc. C'étaient des infirmières. Elles me secouaient doucement : « Mademoiselle ! Réveillez-vous ! Vous avez assez dormi. Il faut vous réveiller. » Elles étaient penchées sur moi. Comme je n'émergeais pas, elles me prirent chacune par un bras et essayèrent de me lever. Mais j'étais faible. Tellement faible, que mes jambes lâchèrent. Je m'écroulai sur moi-même comme une poupée de chiffon. Les infirmières me rattrapèrent et me recouchèrent aussitôt :

Veil qui légalise l'avortement. Dix-huit ans plus tard, en janvier 1993, le délit d'entrave à l'interruption volontaire de grossesse est créé par la loi Neiertz.

« Vous nous avez fait peur. Maintenant que vous êtes reposée, il va falloir vous remettre sur pied. » Ma voisine de chambre me raconta que j'avais déliré pendant plusieurs jours et qu'ils avaient eu beaucoup de mal à faire baisser la fièvre. Ils avaient même craint le pire.

Je restai une semaine à la clinique. Puis mon patron vint me chercher avec les enfants. Je rentrais chez lui. Dans sa maison. Qui était la seule que j'avais maintenant. Il y avait tant de choses à faire à la maison. Cela faisait une semaine que tout s'accumulait du fait de mon absence. Je voulais m'y mettre tout de suite. Mais mon patron me conseilla de me reposer. Ce jour-là, je l'écoutai. J'aviserais le lendemain. Je me couchai. Ils ont fait à manger. Ils m'ont servie. Ils ont été adorables avec moi. Je me sentais presque comme la maîtresse de maison. Le lendemain, je me levai pour m'occuper des enfants et de la maison. Il fallait rattraper le retard.

***

Je repris ma vie normalement, ou presque. Les enfants étaient mignons avec moi. Mon patron me remontait le moral. La semaine se passait assez bien. Mais j'appréhendais le week-end. J'avais apprécié ces fins de semaine lorsque je me promenais avec Jacky et que je retournais chez ma sœur. Mais maintenant ! Que pouvais-je faire de ce temps libre ? Et où aller ? Je n'osais pas demander à rester dans ma chambre. D'autant plus que la mère des enfants venait certains dimanches. Je préférais les laisser tranquilles. Alors, je quittais la maison et je revenais le plus tard possible. Je passais la plupart de mes week-ends dans le RER. Je m'arrêtais souvent à la station d'Anthony et j'attendais le soir. C'était l'hiver. Il faisait froid dehors et, au moins là, j'étais au chaud. Le soir, je me faufilais dans la maison sans faire de bruit, et je me couchais. Je passais inaperçue.

Puis vint ce dimanche où je tombai malade. Je rentrai alors plus tôt. Je m'enfermai dans ma chambre et me couchai. Ce jour-là, la mère passa voir ses enfants. Je ne me montrai surtout pas. Elle ne m'aimait pas. Au début, elle m'ignorait. Elle savait que j'existais, mais peu lui importait. Avec le temps, elle me jalousa. Les petits s'attachaient à moi. Je les rendais heureux. Je leur apportais l'amour dont ils avaient besoin. C'était ce qu'ils demandaient de leur cœur d'enfants.

Ce dimanche-là, une dispute éclata. Je n'y assistai pas. J'étais calfeutrée dans ma chambre. Malade. La mère proféra des insultes à mon égard devant ses enfants. Mon patron prit ma défense et la chassa. À peine la porte claquée, le téléphone sonna. Ma sœur demandait à me parler. « Non, elle n'est pas là », aboya mon patron, encore sous le coup de la colère. Mais le grand vint vérifier ma chambre et, trouvant la porte fermée à clé, comprit que j'étais rentrée. « Mili ! Mili ! » Je lui ouvris la porte. Il se jeta dans mes bras et m'embrassa : « Tu peux venir. Elle est partie. » *Elle*, c'était sa maman. Fasse que jamais mes enfants ne m'appellent *Elle* ! Je bougonnai, mais répondis à Odília. De mauvaise grâce. Elle me demandait pardon et me proposait de venir la voir comme avant. Je lui répliquai que je travaillais les week-ends, puis je raccrochai. Mon patron n'était pas loin. Il se précipita. Affolé. « Vous travaillez le week-end ! Mais où ? Et jusqu'à quelle heure ? Cela faisait longtemps que vous étiez rentrée ? Vous avez entendu notre dispute ? Vous avez l'intention de partir ? » Non ! Je ne travaillais pas ailleurs. Non ! Je n'avais pas l'intention de partir. Ma vie était ici. « Si vous voulez rester le week-end à la maison vous reposer, il n'y a pas de problème. De toute façon, elle ne viendra plus. Si elle veut voir les enfants, elle les attendra dehors. »

Lorsqu'elle vint les chercher quelques semaines plus tard, on était à table. Je partageais les repas de la famille, y compris les week-ends. Elle attendit à la porte. Mais le déjeuner traînant, mon patron finit par l'inviter à venir prendre le café. Je le lui servis, ce café. Elle me le balança à la figure ! J'attrapai la tasse au vol. Elle m'insulta grossièrement. Sans un mot, je rapportai la tasse dans la cuisine. Benoît, l'aîné des enfants, se précipita à ma suite : « Ne te fâche pas ! Je ne vais pas partir avec elle ! » Je le consolai et le rassurai, lui murmurant que ce n'était pas grand-chose, juste un mouvement de colère et qu'il pouvait allez la voir, que c'était quand même sa maman. Mais il ne voulait rien savoir. Pendant ce temps, mon patron l'avait expulsée. Elle attendait ses enfants dans la rue. Ils l'ont suivie à reculons. À partir de ce jour, la mère ne vint plus que très rarement. Elle prévenait avant. Puis les relations cessèrent. Benoît a malheureusement vécu des horreurs du fait de cette femme. Elles lui appartiennent. Lorsqu'il m'en a fait part, j'ai prévenu son père qui coupa tout contact. Yvan, lui, était encore très jeune quand cela est arrivé. Il n'a pas vraiment connu sa mère. Ni le reste.

***

Nous passions maintenant les week-ends tous les quatre. Ensemble.

Un samedi après l'école, mon patron nous conduisit à la campagne. Il avait acheté une maison dans un coin verdoyant, avec un verger rempli de pommiers. C'était une petite maison, sans chauffage, avec à peine l'eau courante dans la cuisine. Les toilettes étaient dehors. Pour se laver, pas de salle de bain. On se débrouillait. Cette maison avait un parfum de Portugal. Je revenais quelques années en arrière. Je retournais où j'étais née et où j'avais grandi. J'étais bien.

Les enfants étaient heureux. Il y avait une mare. Yvan courait après les canards.

Nous partions à la campagne chaque fin de semaine. Mon patron avait acheté une vieille estafette. Les enfants dormaient pendant le retour. Épuisés de leur dimanche. La voiture était tellement vieille qu'elle perdait ses roues. Un soir, je somnolais lors du retour lorsque mon patron m'ordonna de réveiller les petits : « Et préparez-vous à sauter ! » Je me secouai, scrutai à travers le pare-brise dans la pénombre et… Une roue précédait la voiture ! Tout se passa bien. On eut plus de peur que de mal. La réflexion d'Yvan me revient en mémoire : « Tu as vu qu'en bas il y a une rivière. Et moi, je sais pas nager. » Je l'avais pris dans mes bras et l'avais rassuré. Cette fois-ci, on rattrapa la roue et repartit. Parfois, on ne la retrouvait pas.

En quelques semaines de ce régime dominical, les enfants se métamorphosèrent. Eux qui tombaient continuellement malades étaient maintenant en pleine forme. Solides comme des rocs. Je les voyais vifs et vigoureux. Qu'il pleuve ou qu'il neige, nous partions. De toute façon, il fallait nourrir les animaux. Mon patron avait acheté des poules et des lapins. Par la suite, il compléta même avec des moutons pour faire plaisir aux enfants. Moi, je cultivais un jardin potager et j'adorais ça. J'étais heureuse. Loin de mes parents, mais heureuse.

Sous emprise

Pendant deux ans, tout se passa en merveille. Puis, petit à petit, mon patron changea. Il me regarda autrement. Il me caressa les cheveux… J'étais gêné. Je ne disais rien. Un mélange de crainte et de honte m'habitait. S'il me renvoyait, que deviendrais-je ? Un jour, il vint dans ma chambre... Il était grand et fort. Maintenant, je sais qu'il était aussi manipulateur. Il avait l'habitude d'avoir tout ce qu'il voulait. Moi, j'étais seule et il en a profité. Il s'est servi.

C'était en 1972. J'avais vingt-quatre ans.

Je suis devenue sa maîtresse, sa bonne, et son esclave.

La descente aux enfers fut rapide, terrible et imprévisible. Il ne me donnait plus de salaire, ni même d'argent de poche. Plus tard, j'appris qu'il avait fait une déclaration de concubinage en mairie, sans m'en parler. Dans ces conditions, c'était normal qu'il ne me paye pas ! Je ne pouvais plus m'acheter quoi que ce soit, si ce n'est en puisant dans le peu d'argent que j'avais en réserve. La seule chose que je possédais, c'était une vieille voiture que je m'étais offerte après avoir passé mon permis.

Ce qui m'attristait le plus, c'était que je ne pouvais plus envoyer d'argent à mes parents, comme j'avais l'habitude de le faire.

***

J'étais prisonnière du loup. Mais un loup pire que ceux de mon enfance. Celui-là ne se reconnaissait pas au premier coup d'œil. Il savait faire l'agneau et m'amadouer. Et au moment où je ne m'y attendais pas, il bondissait. Et puis, l'humeur changeant, il lâchait ma gorge et redevenait mouton. Je ne savais plus me situer. J'étais désemparée.

***

Mes parents me manquaient. Il fallait que je les voie. Les vacances des enfants arrivaient. Comme toujours, ils se rendaient chez leurs grands-parents. J'en profitai pour retourner au Portugal. Jean, mon patron, me conduisit à la gare. Il me tendit au dernier moment une enveloppe contenant les billets, puis on se sépara. Sans grandes effusions. J'étais un peu triste de me séparer des enfants. De lui, beaucoup moins. En ouvrant l'enveloppe, je croyais trouver un aller-retour et un peu d'argent pour les vacances. Pas du tout ! Il n'y avait qu'un aller simple. Chez mes parents, j'étais logée et nourrie. Je n'avais pas forcément besoin de dépenser grand-chose. Mais sans argent, je ne pouvais pas les aider. Et comment allais-je financer mon retour ?

Tous les ans, j'avais pour habitude de faire un geste pour améliorer le confort de vie de mes parents. Une année, j'achetai des meubles de salle à manger modernes. Ma mère, très fière, les montra à tout le village. L'année suivante, je fis séparer la salle à manger en trois, pour que mes parents

72

et moi ayons des chambres. Une fois, j'ai fait venir un réfrigérateur de France. C'était le premier que possédaient mes parents. J'aidais aussi Luisa qui vivait toujours au Portugal. Elle était mariée et mère de plusieurs enfants. Sa vie était difficile. Souvent, je lui envoyais un peu d'argent et, chaque fois que je retournais au Portugal, je lui amenais des tonnes de vêtements d'enfants récupérés de droite et de gauche. Cette année, je n'aidai personne. Ni mes parents. Ni Luisa.

***

J'avais un compte au Portugal. À n'utiliser qu'en cas d'absolue nécessité. J'aurais peut-être pu m'en servir quelque temps pour m'échapper de France. Mais non ! Qu'aurais-je fait une fois le compte vidé ? Qu'aurais-je pu expliquer à mes parents ? Je ne pouvais pas me justifier sans mourir de honte. Et les anéantir eux aussi. De plus, j'aimais les enfants, Yvan et Benoît. Je ne pouvais pas les abandonner. Malgré toutes les difficultés de ma vie en France, je devais y retourner. Je ne pouvais pas rester au Portugal. Acheter un billet retour pour la France fut donc une nécessité absolue.

***

Je n'étais plus payée. Je n'étais plus déclarée. Je n'avais plus de sécurité sociale. J'avais besoin d'argent. Je pris un travail d'appoint. Pendant que les enfants étaient à l'école, je faisais du porte-à-porte pour vendre des produits de beauté. Je ne gagnais pas beaucoup, mais j'avais des échantillons gratuits, et il me restait suffisamment pour m'acheter le nécessaire. Je n'ai cependant pas persévéré longtemps. J'étais beaucoup trop timide, et frapper chez les gens, les déranger, me rendait malade.

Une année passa. Sans amélioration. On arrivait au mois d'août. Déjà une année sans mes parents. Je devais les voir. C'était vital. Jean refusa de me payer le voyage. Je n'avais pas assez d'argent. Ma voiture était trop vieille. Elle n'aurait pas survécu à un aller-retour Paris-Portugal. La mère de mon filleul et son mari rentraient au Portugal en voiture chaque été. Ils acceptèrent de m'emmener. Jean fut d'accord.

Chez mes parents, je n'étais pas comme d'habitude. Je ne sortais pas. Sauf pour le strict nécessaire. Les courses. La messe. J'étais taciturne. Le ciel du Portugal était noir dans mon cœur. Ma mère s'inquiétait. Elle aurait peut-être compris. Je ne me confiai pas. J'avais honte. Tellement honte.

Un dimanche après la messe, le ciel portugais s'est teinté de bleu. J'ai rencontré un garçon. Il était en vacances chez ses parents. Lui aussi avait quitté le Portugal pour la France. Il avait fui la dictature de Salazar. J'acceptai de l'accompagner à une fête de village. Puis à une autre. Durant un mois, on alla ensemble à chaque fête. On dansait. On riait. Il était gentil et bien élevé. Mes parents étaient ravis. Ma mère connaissait sa famille. C'était un bon parti.

À la fin des vacances, je rentrai en France avec lui. Cela arrangeait tout le monde. Fati, la mère de mon filleul, avait ainsi plus de place dans la voiture pour ramener une multitude de petits riens portugais. Et moi, je ne demandais que ça. Ce garçon me plaisait. Il avait mon âge. Il était célibataire. J'étais bien avec lui.

On ne se pressa pas pour regagner la France. Les enfants me manquaient. Pas la vie que je menais. Avec ce garçon, je l'avais d'ailleurs presque oubliée, cette vie. Il me faisait rire. Avec lui, ma joie de vivre revenait. Il me racontait ce qu'il faisait en France. Je me taisais. J'avais bien conscience de lui cacher une partie de la vérité. Mais, je ne voulais pas en parler, moi, de ma vie française. J'avais honte. Je craignais qu'il me juge. Personne d'ailleurs ne connaissait cette vie. Je faisais très attention de ne rien laisser échapper. Que personne surtout ne soit au courant. Si on l'avait su, quel opprobre.

À la maison, j'étais ce que j'étais : une maîtresse, une bonne, et une esclave. Lui était Jean, un manipulateur tout puissant. Mais dehors, devant le monde, j'étais l'employée de maison et lui, mon patron. Je conservais ma dignité.

On arriva tard le soir. J'étais presque heureuse. J'avais presque le sourire. Fati et sa famille étaient rentrées depuis plusieurs heures déjà. Et Jean avait cherché à me joindre. Au moins trois fois. Fati lui avait exposé la situation. Je revenais avec un garçon. C'était un garçon très gentil. Oui, il me plaisait. Oui, oui, ça paraissait réciproque. Jean s'était alors fâché. Fati n'avait pas compris pourquoi.

Au fur et à mesure que Fati parlait, tout sourire s'effaça de mon visage. Je blêmis. Puis la panique s'empara de moi. Je rougis. Je bégayai. Je tremblai. Tous me regardaient sans comprendre. Le garçon, gêné, me salua et s'excusa de devoir rentrer chez lui. Perplexe. Je ne devais plus le revoir. Heureusement que je ne lui avais rien confié. Il n'aurait pas été capable d'assumer.

J'étais terrifiée et ne pouvais pas me résoudre à rentrer seule chez Jean. Fati et son mari acceptèrent de m'accompagner. Dans la voiture, ils tentèrent de m'interroger. Je leur bredouillai des réponses improbables. Fati comprit sans doute que je masquais la vérité. Mais elle n'a pas dû soupçonner la profondeur de mon désarroi. Elle a respecté ma réserve.

À la maison, les enfants m'attendaient. Impatients. Ils n'avaient pas voulu se coucher avant mon retour. Ils se précipitèrent sur moi, se jetèrent dans mes bras et m'étouffèrent de leur amour. Ils étaient tellement heureux de me voir qu'ils ne me lâchaient plus. Je réussis à leur sourire. Je les accompagnai dans leur chambre. Je les bordai. Les embrassai. Je respirai ensuite profondément avant de retourner dans le salon. Fati et son mari étaient partis. J'étais seule face à Jean. J'attendis sans broncher. « Mili, je suis content que tu sois rentrée à la maison ! » Il avait retrouvé son calme. Il jouait le gentil. Il avait dû craindre que je le quitte. Et il avait raison. J'avais été très près de le faire. Mais, ailleurs n'était qu'incertitude. Et j'aimais trop les enfants. Il jouait le gentil. Le gentil avait des envies. Il m'emmena dans la chambre. Je le repoussai. Comme d'habitude, il fut le plus fort. Cette nuit-là, il resta toute la nuit. C'était la première fois. D'habitude, il faisait ses affaires et repartait aussitôt. Cette nuit-là, il dormit dans mon lit. Moi, je ne pus pas.

Sa présence me dérangeait. Et en même temps, mon cœur s'interrogeait. Peut-être allait-il changer vis-à-vis de moi ? Peut-être tenait-il à moi plus qu'il ne voulait bien l'avouer ? Peut-être avait-il eu vraiment peur que je parte ? Peut-être allait-il cesser de me prendre pour sa chose ? Peut-être que j'allais devenir la maîtresse de maison ! Peut-être...

***

Malheureusement, la face sombre reprit rapidement le dessus. La situation empira. Jean sortait beaucoup la nuit. Il rentrait tard. Ou pas du tout. C'était un homme qui aimait les femmes et qui ne s'en cachait plus. En tout cas vis-à-vis de moi. Il était Dr Jekyll et Mr Hyde. Lorsqu'il mangeait à la maison avec de jeunes collègues de travail, il me présentait comme la patronne : « Attention, il ne faut pas y toucher ! Elle est précieuse ! » C'était vrai que, dans un certain sens, j'étais précieuse... Quand il passait avec une de ses multiples copines, j'étais « la jeune fille qui s'occupe des enfants ».

Je compare Jean à un loup. J'ai en partie tort. Ou alors les loups humains sont pires que les animaux. Ces derniers sont réputés d'une fidélité exceptionnelle.

Jean essayait quand même de protéger ses enfants. Au moins un peu. Devant Yvan, le plus jeune, il ne se dissimulait pas. Il pensait qu'il n'était pas en mesure de comprendre. Il avait des familiarités avec moi que l'on n'a pas avec une simple employée de maison. Devant Benoît, il faisait plus attention. Il me vouvoyait. Mais Benoît n'était pas un idiot. Et il avait déjà vécu des choses. Il a compris tout seul.

***

Quelque temps après mon retour du Portugal, je tombai à nouveau enceinte. Ma vie allait changer ! Le bébé avait un père. Ce père aimait ses deux précédents enfants. Alors pourquoi pas celui-là ? Il me respectera, car je serai la mère de son enfant. Enfin, cela c'était ma vision optimiste des choses. Mais au plus profond de moi, je redoutais la réaction de Jean. Et j'avais raison. « Va te faire avorter. » Avorter ! Comment pouvait-il m'ordonner cela ? Lui qui m'avait conduite à la clinique la fois précédente. Lui qui m'avait ensuite réconfortée. Avorter ! Ce mot me mit hors de moi. Pour la première fois face à lui, je rugis : « Avorter ! Pas question ! J'ai trop peur. J'ai déjà failli y rester et j'ai souffert le martyre. De toute façon, j'ai pas l'argent pour payer. *Nada !* »

Le lendemain, il déposa la somme nécessaire dans ma chambre. Et tous les jours, il me posait la même question. Est-ce que je l'avais fait ? Je ne répondais pas. Je ne pouvais pas me décider. L'idée de souffrir encore m'était intolérable. Je ressassais la première fois. La douleur me taraudait. L'angoisse de mourir me hantait. La culpabilité me rongeait. J'avais déjà tué un enfant. Je n'allais pas recommencer. On a beau affirmer que ce ne sont que quelques cellules qui se multiplient et parler de fœtus, pour moi, c'était un enfant. Je le ressentais comme ça. Et cet enfant, je le voulais. Mais pas lui.

Bien sûr, Jean gagna. Il ne pouvait pas en être autrement.

Je retournai chez la même faiseuse d'anges. Je la détestais. Et je me détestais aussi. Le même protocole que la première fois. L'argent. La pièce. La sauvagerie. « Au revoir. Et si on vous demande quelque chose, vous ne me connaissez pas. Vous n'êtes jamais venue chez moi ! »

Tant bien que mal, je rentrai à la maison, je préparai le dîner, je mangeai avec les garçons et je les envoyai se coucher. Seuls. Moi, j'étais trop mal. J'avais terriblement mal. Je ne pouvais plus rester debout. La nuit fut horrible. Comme la première fois. Je sanglotais. Je me tordais de douleur. La fièvre grimpait. Je délirais. Je me vidais de mon sang. Et j'étais abandonnée. Personne pour me tenir la main. Personne pour m'apporter ne serait-ce qu'un verre d'eau. Jean rentra tard comme à son habitude. Et pourtant, il savait ce que j'avais fait ce matin-là. Il ne daigna pas venir voir comment j'allais. Ni le soir. Ni le lendemain matin.

La nuit passée, je me fis violence pour me lever. Je souffrais encore à hurler. J'avais du mal à tenir debout. Tout tournait. La fièvre me faisait grelotter. Mais j'avais les enfants. Je devais m'en occuper. Je les préparai et les accompagnai à l'école. À l'aller, un garçon de chaque côté, j'avançais doucement. Je m'appuyais sur eux le plus légèrement possible. Le retour fut terrible. Je vacillais. Je manquais tomber plusieurs fois. Des murs me retenaient. Je n'avais qu'une hâte : m'allonger. Avant de pouvoir me terrer, je croisai un couple âgé qui habitait au rez-de-chaussée de la maison. Ils m'avaient entendue gémir toute la nuit et s'inquiétaient. Je prétextai une rage de dents : « Vous m'excusez, mais je suis très fatiguée et je vais me reposer. » Ils acquiescèrent, mais je sais que la vieille dame n'en a pas cru un seul mot : « Pauvre petite. Je vous plains vraiment. Allez-y. Et surtout, faites bien attention à vous. » De la sollicitude. Mon cœur s'est retourné. Je me couchai jusqu'au moment de récupérer les garçons. Le lendemain, j'allais beaucoup mieux. Physiquement tout au moins. Je n'avais plus de fièvre. Ma vie continuait. Tant bien que mal.

***

J'essayais d'oublier. Les semaines étaient difficiles. Les week-ends étaient ma respiration. On continuait d'aller à la campagne. J'étais momentanément bien. Je m'occupais du jardin potager. Je faisais du fromage. Je ramassais les œufs de la semaine. On cueillait des pommes pour faire du cidre. On labourait la terre. Je revenais quelques années en arrière, chez mes parents. Toujours ce goût de Portugal. Et il était une autre personne. Il était gentil. Il me respectait. Malheureusement, les dimanches, le soir venu, il fallait rentrer. Jean réapparaissait et tout recommençait. Une nouvelle semaine. Je redevenais la bonne, l'esclave, la maîtresse.

***

Le père de mon patron venait souvent nous voir. Il était bon et gentil. Il était comme mon père. Il me conseillait. Il avait tout compris, mais il n'osait pas parler à son fils. « Mili, tu sais que je te considère comme ma fille. Tu es celle que j'ai perdue. Elle avait vingt ans. C'est presque ton âge, n'est-ce pas ? Je suis si triste pour toi. Je sais que tu souffres. Mon fils te fait du mal. Tu es jeune. Tu pourrais trouver quelqu'un de ton âge. Faire ta vie. Être heureuse. Avoir des enfants à toi. Tu attends quoi pour partir, Mili ? En restant ici, tu n'auras jamais rien. J'aime beaucoup mes petits-enfants. Je sais que tu leur manqueras. Mais tu te sacrifies aujourd'hui pour ces enfants, et demain ils t'oublieront. » « C'est vrai. Vous avez raison. Peut-être. Mais pour l'instant, ils ont besoin de moi. Benoît a déjà trop souffert. Yvan, c'est pas pareil. Il était encore bébé quand sa maman est partie. Je les aime trop. Je m'en occupe depuis

80

qu'ils sont tout petits. Je les aime comme mes enfants. Et puis, vous voulez que j'aille où, sans un sou et sans famille ? »

Benoît était très débrouillard. C'était un actif. Il savait tout faire. Cuisiner, repasser, et même coudre. Il était très curieux. Il voulait tout apprendre. Yvan était plus contemplatif et intellectuel. Il aimait la lecture. Il passait des heures à lire, allongé sur son lit. Son grand-père souriait en le regardant. « Mili, celui-là, c'est un Anglais. Il tient de mon côté. »

L'un comme l'autre, ils avaient besoin de mon amour. Et, moi aussi, j'avais besoin d'eux.

***

Le grand-père des enfants était un homme bon. Dommage que leur père n'ait pas hérité de ce caractère. Jean était autoritaire et possessif. Il ne me laissait pas sortir. Il ne voulait pas que je trouve quelqu'un. Je n'avais pas le droit de regarder les jeunes hommes. Mais lui ne se gênait pas devant moi. Et moi, je ne pouvais rien demander. J'avais juste le droit de me taire. Bonne, esclave, maîtresse. Avais-je encore le droit d'espérer ?

***

Une année passa. Jean partait maintenant le week-end avec ses maîtresses. On restait à la maison, les enfants et moi. La campagne me manquait. Je ne voyais pas beaucoup Jean, ce qui ne me gênait pas. Je le voyais cependant suffisamment pour retomber enceinte. À nouveau. Cela peut être difficile à comprendre. On était en 1976, plus de neuf ans après la loi

81

Neuwirth qui autorisa la vente de la pilule[22]. Mais je ne connaissais pas de méthode de contraception. Et je n'avais pas d'argent pour consulter un médecin. En ne me payant plus et en ne me déclarant plus, Jean m'avait réduite à un état d'indigence sanitaire.

Cette fois-ci, ce bébé, je le garderais coûte que coûte. Les garçons avaient grandi. Ils avaient moins besoin de moi. Et moi, j'avais envie d'un nouveau petit à aimer. Jean gueula. Il brailla. Je devais avorter. Sur-le-champ. Je quittai la pièce sans un mot. Je rassemblai mes affaires. Je suis partie. Oh pas loin. Ni longtemps. Il faisait froid. Je n'avais nulle part où aller. Je suis revenue le jour même. Mais, j'étais arrivée au bout de mon désespoir. Au bout de mon chemin. Je n'étais plus personne. Même la lumière des enfants était éteinte. Alors, je décidai de mettre fin à mes jours.

Le soir, je restai un peu plus longtemps avec Yvan et Benoît dans leur chambre. Je leur racontai des histoires un peu plus lentement pour allonger le temps. Je les serrai fort contre moi, à les aspirer. C'était notre dernière fois.

Dans ma chambre, je pris une bouteille de whisky et une boîte de cachets. Je fermai les yeux et j'avalai le tout. J'allais enfin arrêter de ressentir le vide. Enfin en finir. Je me couchai pour ne plus me réveiller.

Au matin, Jean, ne me voyant pas, vint me chercher. Il était prêt à me bousculer. Il me trouva inanimée, gisant dans une puanteur. Le médecin, appelé en urgence, me réveilla.

---

[22] La loi Neuwirth, autorise en décembre 1967, la vente des produits contraceptifs. Il faudra attendre 1972 pour les premiers décrets d'application, et 1974 pour que la Sécurité sociale rembourse la pilule.

Dans la nuit, j'avais vomi. Mon allergie à l'alcool. Et je ne m'en étais pas rendu compte. Sinon, j'aurais recommencé.

J'étais en vie. Chance ou malheur. Miracle. Pas sûr. Je ne voulais pas réfléchir. Je me levai, nettoyai la chambre, me lavai, m'habillai. Un robot.

Je me préparai à affronter à nouveau Jean. J'étais terrifiée. J'avais peur de lui. De ce qu'il allait dire ou faire. Mais j'étais décidée à résister.

J'ai résisté tant que j'ai pu. Je me suis mise en colère, ce que je ne faisais que rarement. J'ai cessé de lui parler, même lorsqu'il m'emmenait à la campagne. La lassitude a été la plus grande. J'avais trop lutté. J'étais fatiguée. Je n'en pouvais plus. Je cédai. Je pris l'argent et allai retrouver ma faiseuse d'anges. La répétition du désespoir. L'argent. « Vous ne me connaissez pas. Vous n'êtes jamais venue chez moi. » Mon cauchemar était sans fin. La maison. Le lit. La douleur. Le sang. La nuit. Le réveil.

Le lendemain, je n'étais pas bien. Une semaine plus tard, je n'étais pas bien. Je ne me remettais pas. Je n'étais plus la même. Je ne souriais plus. J'étais toujours triste. Je déprimais.

***

Je ne voyais presque plus Jean. Ses maîtresses ne se gênaient plus. Je m'enfonçais. Je n'en pouvais plus de ces coups de fil de femmes qui appelaient à la maison pour le remercier « du fabuleux week-end passé ensemble ». Je m'en plaignis. Jean me regarda d'un air goguenard : « C'est un copain qui m'a fait une blague. Cet idiot a donné mon nom dans une agence matrimoniale. Mais en fait, c'est plutôt bien. Depuis, je reçois plein d'invitations et je m'amuse. D'ailleurs, je me demande pourquoi je te raconte tout cela ! C'est ma vie. Arrête de t'en mêler. Ça ne te regarde pas. J'ai toujours fait ce que je voulais. C'est pas maintenant que ça va changer. »

Que voulait-il ? S'amuser ? Les épouser. Et moi qu'allais-je devenir s'il me jetait. Et s'il voulait les épouser, pourquoi mentait-il ? Il racontait à ses conquêtes qu'il n'avait qu'un seul enfant. Un garçon. Gardé par une jeune fille. « Pourquoi tu leur dis pas la vérité ? Qu'est-ce que tu fais d'Yvan ? Il compte pas ? » Il se contentait de sourire. J'avais envie de lui arracher son air moqueur. J'avais tellement de peine pour Yvan. Pourquoi le niait-il ainsi ? C'était vrai qu'Yvan m'était très attaché. Trop, peut-être, au goût de son père.

***

Si Benoît accompagnait quelquefois son père, Yvan ne me quittait jamais. Lorsqu'il m'arrivait de le gronder, il s'éloignait. Mais à peine cinq minutes s'écoulaient que je le retrouvais derrière moi. Yvan m'aimait comme sa mère. Et moi je l'aimais comme mon propre fils. Petit, il lui arrivait même de m'appeler maman. Je lui avais expliqué qu'il avait une mère et que ce n'était pas moi : « Je t'aime énormément. Tu es une partie de mon cœur. Et ça, ça ne changera jamais. Quoi qu'il se passe. Mais, je ne suis pas ta maman. » Il avait très bien compris et on n'en avait plus jamais parlé.

Benoît aussi je l'adorais, mais ce n'était pas pareil. Il était déjà plus grand et plus débrouillard. Et qui plus est, il était plus aimé de son père. Question de caractère ? Benoît pour son père et Yvan pour son grand-père ?

Lorsque Benoît grandit, notre relation évolua vers une relation de copain-copine, malgré nos seize ans de différence. Benoît me raconta son premier baiser : « Un goût salé. » Sa première bouffée de cigarettes. En colonie. Une « taffe » proposée par un moniteur : « Je n'ai pas aimé. Je ne fumerai jamais. » Autant de petites choses qui font la vie. Et qu'il ne partageait pas avec son père. D'ailleurs, me les auraient-ils confiés, ces petits secrets, si j'avais été sa mère ? On en dit parfois plus hors des liens du sang.

***

Je compris finalement ce que tramait Jean. Cela commença par un coup de fil. Un collègue et ami, René, l'appela un samedi soir à la maison. « Il n'est pas là. Je croyais qu'il était en séminaire avec vous. » « Euh... Non, Mili, il n'est pas avec moi... Il doit être en week-end avec je ne sais qui... Il se moque de toi. » « ... » Je ne sus que répondre. Je raccrochai. Alors, comme cela, tout le monde savait ce qu'il faisait ! L'appel de René me chavira. Que Jean soit un coureur, je le savais. Mais que ce soit sur la place publique, c'était autre chose.

Lorsque Jean rentra, il était tard. Les enfants étaient couchés. À peine arrivé, il me poussa dans ma chambre... Je ne me laissai pas faire ! Il pouvait bien retourner voir celle qu'il venait de quitter si ce qu'elle lui avait donné n'avait pas suffi ! J'ai tenu bon malgré la colère de Jean. Il finit par céder et repartit bredouille dans sa chambre. Je me suis enfermée dans la mienne.

À partir de ce moment-là, j'ai commencé à espionner son courrier. J'ouvrais ses lettres. Parfois, je les refermais. J'en ai aussi jeté plus d'une à la poubelle.

Ce fut comme ça que j'ai appris qu'il avait de graves problèmes d'argent. J'ai alors compris pourquoi il avait arrêté de me payer, me plongeant dans l'indigence. Et c'était aussi pour cela que maintenant il cherchait une autre femme. Pour le financer.

Les enfants avaient onze et treize ans. Ils étaient en âge de se débrouiller seuls. Jean n'avait plus besoin de moi. Il cherchait à me faire partir. Il me poussait à bout afin que je les laisse de moi-même. Effectivement, j'avais des droits puisqu'il avait fait une déclaration de concubinage en mairie. Mais à ce moment-là, cela, je ne le savais pas. Ce n'est que bien plus tard, alors que j'avais déjà quitté la maison, que je me suis renseignée auprès d'un notaire. Il m'a dit que, du fait de cette déclaration, je pouvais me faire payer. Je ne l'ai pas fait. Je ne le voulais pas vis-à-vis des garçons. Trop gentille ou trop bête penseront la plupart. Pour moi, c'était continuer à aimer et à préserver les enfants malgré mon départ.

Les garçons commençaient à me questionner sur le comportement de leur père. Je ne savais que leur répondre. J'avais déjà du mal avec mes propres interrogations. Maintenant que je savais qu'il cherchait quelqu'un, l'avenir me paraissait encore pire. Qu'allais-je devenir ? Que faire ? Où aller ? Cela faisait maintenant plus de huit ans que j'étais en France. Huit ans que je servais Jean. Huit ans. Et rien. Pas de maison. Pas d'argent. Pas de foyer. Rien.

Non pas rien. Deux enfants qui n'étaient pas les miens, mais que j'aimais. Et j'en venais à me dire que j'avais eu tort de les aimer comme cela.

J'avais quitté mon pays pour une vie meilleure. Pour plus

de liberté. Tout le contraire m'arrivait. C'est terrible, mais je pense que j'aurais eu une vie meilleure si je n'avais pas écouté mon cœur. Et si je n'avais pas été aussi attachée aux enfants.

J'aurais aussi dû être moins naïve.

***

Lorsque j'avais commencé à travailler chez Jean, j'avais fait la connaissance de la propriétaire d'un salon de coiffure. Une voisine. Elle savait que j'aimais la coiffure et que je l'avais étudiée au Portugal. Elle proposa de m'embaucher. Elle voulait prendre sa retraite, et cherchait une jeune femme de confiance pour s'occuper de son salon. J'étais enthousiaste. « Je vais en parler à mon patron. Je donnerai ma démission, mais j'attendrai bien sûr qu'il ait trouvé quelqu'un de confiance pour les enfants. Vous pouvez attendre un peu n'est-ce pas ? Ou alors, peut-être que je pourrai continuer à m'occuper d'eux tout en étant chez vous. Ça sera le mieux ! Ça vous ira ? » « Oui, Mili, ce serait possible. Pourquoi pas ? Étant donné que les enfants sont à l'école la journée. Voyez vite comment vous pouvez vous organiser et donnez-moi une réponse. » À l'énoncé de ma proposition, mon patron me mit en garde : « Cela ne me paraît pas une bonne idée. Je suis même inquiet. Un jour, vous allez vous faire inviter par un client. Il sera gentil. Au début. Puis vous verrez, il vous exploitera. Vous finirez sur le trottoir. » Je l'ai cru. Il paraissait sincère. Réellement tracassé. Il m'a affolée. Je refusai alors la proposition. Il avait déjà commencé à m'enchaîner. Je m'étais laissé faire. Et c'était lui qui m'a exploitée.

Le loup avait depuis longtemps planté ses crocs dans ma

gorge et je n'avais rien senti.

***

Je n'en pouvais plus. Alors, je fermais ma porte à clé. Rien, plus rien. Il n'aurait plus rien. Jean se heurtait à ma porte close lors de ses retours nocturnes. Elle ne cédait pas sous ses coups. Pas plus que ma volonté. Le lendemain, il tournait comme un lion en cage. Il se précipitait sur moi dès qu'il me voyait. Je luttais.

***

« Laisse-moi tranquille ! Je ne veux plus que tu me touches. » Ce jour-là, je m'autorisai à hurler. Les enfants étaient à l'école. Je le fis reculer. Exceptionnellement. « Tu ne perds rien pour attendre. » Nous étions un samedi. Nous devions partir à la campagne. Je décidai de ne pas les accompagner. Au moment du départ, je me réfugiai dans ma chambre. Tous m'attendaient. Jean trépignait. Benoît vint me chercher. Il me trouva assise sur le bord de mon lit, tendue, les mains jointes sur mes genoux. Le regard dans le vide. « Mili, ça va ? Nous t'attendons. Papa te fait dire de te dépêcher ! » « Non, je ne me sens pas très bien. Je préfère rester à la maison. Descends le lui dire. » Et je fermai les yeux. Pas longtemps. Jean était devant moi. Il m'exhortait à le suivre. Devant mon refus obstiné, il m'injuria violemment. Puis, il me laissa là. Seule. J'étais abasourdie. KO. Assommée par cette violence verbale. Mais j'avais gagné. Enfin, je le croyais. Il n'était pas allé bien loin. Pas le temps de reprendre mes esprits. Il surgit à nouveau devant moi. Rouge de colère. Ne se maîtrisant plus. Même s'il ne me frappa pas, je crus ma dernière heure arrivée. Après tout, vu la situation dans laquelle je me trouvais... Les garçons

88

patientaient dans la voiture. Heureusement. Ils n'ont pas assisté à la scène. Jean finit par me tendre des documents : « Signe ces papiers. Et après, fais ce que tu veux ! Va au diable si ça te chante ! » Je ne pouvais qu'obtempérer. Il m'impressionnait tant. Physiquement et mentalement. J'ai tout signé. Sans lire. Aujourd'hui encore, j'ignore ce que c'était. Il m'a arraché les feuilles et a tourné les talons, claquant la porte de ma chambre. Non sans s'être saisi des clés de voiture qui traînaient sur ma commode. La voiture, une vieille deux-chevaux qu'il avait achetée à un copain et dont je me servais. Il s'escrimait à me dégoûter pour que je parte de moi-même. Mais pas avec sa voiture !

***

Il m'a anéantie. J'étais déprimée et, une fois de plus, je ne voyais pas d'issue. Dès que j'ai été certaine qu'il n'était plus à la maison, j'ai enfourché ma mobylette et j'ai roulé comme une folle. Détruite. Et seule. Si seule. Définitivement seule. Je n'avais personne à qui me confier. Sauf peut-être Fati. La mère de mon filleul. Mais j'avais honte. Beaucoup trop. J'avais toujours tout caché de ma relation avec lui. Même lorsque Fati avait pressenti mon désespoir. Ne rien dire me permettait de garder un minimum de dignité.

Alors, j'ai fui la maison. Je n'avais qu'une idée en tête. Me ficher en l'air. J'ai roulé jusqu'à l'Yvette[23] et j'ai scruté l'eau. La rivière coulait. Toujours dans le même sens. Elle ne se posait pas de questions. Elle n'avait rien à décider. Elle dépendait des éléments extérieurs. Il pleuvait, elle grossissait. En été, elle devenait filet. J'étais comme cette

---

[23] L'Yvette est une rivière qui coule en Île-de-France.

eau. Je dépendais d'un extérieur. Jean m'avait épanouie un temps, pour mieux me dessécher. Pour me libérer, je me serais bien jetée dans l'Yvette, mais c'était l'étiage, et le peu d'eau qui coulait à mes pieds ne m'aurait certainement pas engloutie. Je suis restée là, figée, inerte, jusqu'à la tombée de la nuit. Et je suis rentrée à la maison. Anesthésiée. Guidée par ma mobylette. J'ai pris une bouteille de whisky. J'ai bu. Je me suis couchée. J'ai fixé le plafond. Rien. Le néant. J'ai bu. Le plafond blanc me regardait. Je ne dormais pas. Je me suis saoulée. J'ai avalé le contenu d'un tube de somnifères. Le vrai vide. Le vrai néant. Enfin.

***

Je me réveillai dans le lit d'une clinique. On m'avait fait un lavage d'estomac. Fati était à mes côtés.

***

Tous les jours de mon hospitalisation, Fati vint me voir. Au début, je dormais. Puis elle me raconta. Je l'avais appelée pour lui dire au revoir. Je partais au Portugal. Cela lui avait paru surprenant. Elle avait préféré constater de visu ce qui se tramait. Comme tout était fermé chez moi, elle avait demandé au couple du rez-de-chaussée de lui ouvrir la porte. Elle m'avait alors trouvée écroulée à terre dans ma chambre. Elle avait tenté de me réveiller. Sans succès. Alors, avec son mari, ils m'avaient conduite a là clinique.

Je n'aspirais plus qu'à finir de souffrir et à punir Jean. La mort était la bonne solution. Un remède à tout. Qu'il me trouve morte à son retour ! Qu'il paye pour tout le mal qu'il m'avait fait ! Oh oui ! C'était ce que je désirais.

90

Mais le sort en avait décidé autrement. J'étais vivante. Il avait gagné. Encore.

***

Aujourd'hui que je suis plus sereine, je me remémore ce que m'avait rapporté Fati à l'époque. Comment avais-je pu l'appeler ? J'étais ivre morte. Inconsciente. Puis je repense à l'apparition lumineuse de mon enfance. Et à mon prénom. Milagre.

***

Sur le moment, ce fut tout sauf un miracle. Je fus attachée à mon lit. Pendant trois jours. Je m'agitais. À la limite de la démence. Ma santé mentale préoccupait le médecin. Il craignait que je fasse d'autres tentatives. Un ami, René, venait me faire manger le midi. Jean lui avait dit où j'étais.

Jean était *persona non grata*. Le médecin avait formellement interdit qu'il ait le moindre contact avec moi. Sa conscience professionnelle lui indiquait d'ailleurs de faire un rapport sur ma situation. Mais Fati et son mari l'avaient prié de s'abstenir. Ils juraient de s'occuper de moi et de me protéger. Le médecin se laissa convaincre. « À condition que *ce monsieur* ne s'approche plus d'elle. » Fati avait appelé Jean, lui ordonnant de payer les frais d'hôpital et de m'oublier. Ce qu'il fit pendant plusieurs mois.

***

Au bout d'une semaine, je sortis de la clinique. J'emménageai pour quelque temps chez Fati. Je n'étais pas bien vaillante, mais j'étais sauvée de Jean. La vie reprenait.

91

J'avais quitté les enfants si brusquement. Que pouvaient-ils penser ?

L'échappée

Je devais gagner ma vie. Cela faisait maintenant longtemps que je n'avais pas cherché de travail. Je m'y remis sans grand entrain. Par nécessité. Je fus rapidement employée par un couple aisé. Je m'occupais de leur maison et de leurs trois enfants. J'avais un cabanon au bout de leur jardin pour moi seule. J'étais tranquille. Malheureusement, le bien-être dura peu. Un robinet mal fermé. Ma patronne me réprimanda vertement. Lorsqu'elle fit mine de me frapper, je n'acceptai pas. Personne ne me frapperait jamais. Je donnai ma démission sur-le-champ et retournai vivre chez Fati. Elle m'accueillit les bras ouverts. Chère Fati.

***

Je travaillai ensuite comme caissière dans une grande surface des Ulis. On me trouva un appartement à Chevilly-Larue. Les quelque quinze kilomètres qui séparaient le logement du travail étaient problématiques. Les transports en commun ne reliaient pas les deux communes, et je n'avais pas de voiture. J'en discutai avec René. Sa proposition fut immédiate : « Prends le travail et l'appartement. Corinne, ma fille, te passera sa voiture. Tu la payeras quand tu pourras ! » J'avais connu René par Jean.

Ils étaient collègues. Je les croyais amis. Ça ne devait pas vraiment être le cas, car sinon, pourquoi m'aidait-il ? Grâce à René et à sa famille, grâce à des amis, j'avais un travail, un appartement et une voiture ! Il n'y avait pas que des loups sur terre !

***

L'appartement n'était pas luxueux. Tant s'en faut. Il se situait dans un vieil immeuble. Sans eau courante. Le robinet d'eau et les toilettes étaient dans le jardin. Petit à petit, j'ai acheté un frigo, des meubles et un chauffage. Puis, j'ai fait installer l'eau.

***

J'avais trente ans. Une jeune femme renaissait. Laurence, une collègue devenue amie, jouait à la conseillère vestimentaire. Elle me secouait : « Il faut que tu changes de look ! Tu t'habilles comme une vieille ! » C'était vrai que lorsque j'étais avec Jean, je faisais plus que mon âge. Normal, il était beaucoup plus âgé que moi. Seize ans. Presque une génération. De plus, il ne voulait pas que l'on me regarde. Je n'avais pas d'argent pour m'acheter des vêtements à la mode. Et puis, à quoi m'auraient-ils servi ?

***

Je redevenais moi-même. Jeune et belle. J'avais du succès auprès des garçons. Laurence me sortait beaucoup. « Oublie. Le passé, c'est le passé ! Ne regarde pas en arrière ! Pense à ton avenir. Un jour, tu trouveras celui qui te fera tout oublier. »

Alors que nous discutions ainsi, une collègue nous rejoignit. Elle me suggéra de rencontrer un jeune homme

« presque dans ma situation ». Sa femme était partie avec ses deux enfants pour vivre le *grand amour* avec un autre. Il était seul. Il souffrait. « C'est un beau garçon. Gentil. Je suis sûr que ça peut coller entre vous. Tu l'as déjà vu. Il est agent de sécurité. Et je sais que tu lui plais beaucoup. »

Le lendemain, on était toutes les deux en caisse, côte à côte. Elle me tapa sur l'épaule et, se penchant vers moi, me montra d'un signe de tête le gardien derrière nous : « Alors, je l'appelle ? » Pourquoi pas. À première vue, c'était vrai qu'il avait l'air pas mal. Interpellé, le jeune homme vint nous saluer et, sans tarder, m'invita à boire un café. J'acceptai. Après tout, il n'était pas entièrement un inconnu.

On parla beaucoup. Enfin, surtout lui. Il me raconta sa femme. Ses enfants. Leur départ. La sensation de vide. Le lendemain, il m'invita à nouveau. Et on finit par se fréquenter. Cela dura un mois.

Puis il voulut que j'emménage avec lui. Sa maison était beaucoup plus confortable que mon petit appartement. Malgré tout, c'était beaucoup trop tôt. Je venais à peine de reprendre ma liberté. Je refusai. Mais sa proposition me trottait dans la tête. Je la rapportai à ma collègue. Et là, stupeur ! elle se décomposa. J'étais interloquée. Ses yeux brillaient et ses lèvres tremblaient. Puis, se ressaisissant, elle me bafouilla : « C'est pas possible. C'est mon mari ! Je l'ai quitté. À tort. Depuis que je le vois heureux avec toi, ça me mine. Je l'aime toujours. Je m'en rends compte maintenant. J'ai décidé de revenir à la maison. J'espère qu'il va accepter ! Je te demande pardon ! » « ... » Les mots s'étranglèrent dans ma gorge. Je restai bouche bée. Paralysée. Ce genre de situation n'existait que dans les mauvais films. Et elle continuait à s'excuser. Mais qu'elle se taise ! Ça y est. Ma voix revenait : « T'es complètement folle, ma fille. C'est tordu. Là, je veux pas d'histoires. Mais, je t'attends après le travail et je vais te régler ton compte. Crois-moi ! » Puis je la plantai et me réfugiai dans un coin, le temps de reprendre mes esprits. Je l'ai attendue trois jours de suite à la sortie du magasin. En vain. Elle avait pris ma menace au sérieux et se faisait toujours accompagner par un homme fort. Alors, je me calmai. Et je laissai tomber. À quoi bon ? Dès lors, je l'ignorai. Quant à son mari, je ne l'ai plus revu. Est-il retourné avec elle ? Dieu l'en préserve.

***

Encore une qui m'a fait un coup pendable. Elle avait trahi son mari. Elle m'avait menti. Elle avait joué avec les sentiments de plusieurs personnes. Encore une à détester.

***

La vie continuait malgré tout. Je m'amusais avec Laurence. Mais j'avais comme un trou dans le cœur. Les enfants me manquaient. Je parlais souvent d'eux à mes collègues. Et elles se mirent en tête qu'il me fallait un enfant. Un bébé. Rien que pour moi. « Ce sera le tien. Tu oublieras les autres ! » Non ! Je ne pourrai pas oublier. Ni mes enfants qui n'étaient pas nés. Ni les enfants que j'avais quittés. Mais effectivement, peut-être qu'un bébé me permettrait d'avancer.

Elles commencèrent alors à me sélectionner des garçons « bien ». « Tiens, regarde, il est parfait. Beau gosse. Pas pénible. Tu lui plais. Si tu veux, je te le présente. » Combien de fois ai-je entendu cela ? « Avec lui, tu auras vite des enfants. »

Voyons donc celui-ci. « Il s'appelle Paul. » De dos, c'était vrai qu'il était grand, mince et bien habillé. Mais, quand il se retourna, je vis qu'il était noir. « Tu es folle. Jamais, je sortirai avec noir ! Jamais, je ferai un enfant avec un noir ! » J'avais tort. Plus tard, je deviendrai sa femme. Mais, pour le moment, c'était inconcevable.

***

Alors un autre. Un Portugais qui habitait aux États-Unis. Celui-là me plut immédiatement. Beau garçon. Bien élevé. Portugais. Riche. Très riche même. Son grand-père avait fait fortune. Il vivait seul avec sa fille et cherchait une femme sérieuse pour partager sa vie. « Je repars demain aux États-Unis, mais si vous êtes d'accord, je vous donne rendez-vous la semaine prochaine. » Ça ne coûtait rien d'accepter. Soit il blaguait et je rêverais une semaine… Soit il était sérieux et je pourrais envisager une longue rêverie.

Il tint parole. Il revint. Une semaine passa et il était là, à la sortie de mon travail. Puis encore une semaine plus tard. Il m'attendait dans une voiture américaine. C'était la première fois que je montais dans une telle voiture. J'étais une reine. La capitale nous attendait. Mais, ni lui ni moi ne connaissions bien Paris. Et nous passâmes le plus clair de notre temps à demander notre chemin et à tourner en rond. Plus d'un policier dut nous aider. Mon pilote était plutôt gêné et moi, sa copilote, encore plus.

Le pittoresque de la situation ne m'apparut que plus tard, lorsque je racontai mon dimanche parisien à mes collègues : « … Il est censé revenir la semaine prochaine. » « Fais attention, Mili. Il veut t'impressionner. Il ne viendra pas vivre en France. Il va t'amener en Amérique. Il t'enlèvera

97

ton passeport et tu seras à sa merci ! »

Je ressassais les mots de Laurence. Bien sûr que c'était possible. Bien sûr que l'on pouvait devenir une esclave. Mon passé trop proche me le rappelait. Non, décidément, la vie américaine n'était pas pour moi. Je ne comprenais pas un mot d'anglais. Et même si le pire n'était pas certain, je n'allais pas repartir dans un pays étranger. Tout recommencer à zéro était au-dessus de mes forces. Je ne reviendrais pas dix ans en arrière. Ma décision fut prise. Je refusai de rencontrer à nouveau mon Portugais d'Amérique. Je lui fis dire.

***

Je me mis ensuite à considérer Paul autrement. Je passais dans son rayon pour le saluer. On discutait à la pause. Il finit par m'inviter chez lui. J'acceptai, à condition d'être accompagnée de Laurence. On se retrouva ainsi, tous les trois, à goûter un dimanche chez Paul. Mais à peine le temps de nous installer que Laurence me faussa compagnie. Elle avait un rendez-vous et devait s'absenter. Elle nous priait de l'excuser ! Je me retrouvai en tête-à-tête avec Paul.

On a grignoté. Un peu gênés. Puis il mit de la musique. Il m'invita à danser. Paul était timide. Moi aussi. Je me sentais gourde. Je n'osais pas le toucher. Il insista doucement. Je cédai. Et là, je compris que noirs et blancs étaient pareils. La couleur des sentiments n'est pas celle de la peau.

***

Je sortais maintenant avec Paul. Rien de sérieux cependant. Je ne souhaitais pas m'engager pour le moment. Les vacances approchaient. J'allais pouvoir retrouver mes parents. Comme toutes les années en août. Comme toutes les années ? Pas tout à fait. J'étais… libre comme l'air. Pour la première fois depuis longtemps, je partirais en voiture et, surtout, j'aurais de l'argent pour choyer mes parents.

En attendant, on était mi-juillet. Mes congés approchaient. Je rentrais chez moi. Il était tard. J'avais fait la fermeture. La nuit était douce et la lune éclairait les rues. Une voiture était garée devant mon appartement. Elle me parut familière. En m'avançant, je la reconnus. C'était celle de Jean. Mon cœur bondit. Mes jambes flageolèrent. Je n'eus pas le temps d'agir que la portière s'ouvrait déjà. C'était bien lui ! Un torrent d'émotions me submergea. Mon esprit m'ordonnait de fuir. Mon corps se liquéfiait. Et mon cœur me criait qu'il était arrivé malheur aux garçons. Je devais en avoir le cœur net. « Non. Yvan et Benoît vont bien. C'est moi qui ne tourne pas rond. Cela fait plusieurs soirs que je t'attends. Je n'ai pas osé t'aborder. Je voudrais tant que tu me pardonnes. Tu me manques. Tu n'as personne, n'est-ce pas ? »

Incroyable. Il me faisait la scène du repentir. Et qui plus est, il paraissait jaloux. J'étais perplexe. Une petite voix en moi triomphait : « Tiens ! Les rôles sont inversés ! » Mais je le connaissais trop pour ne pas me méfier. Il m'avait tellement souvent déçue. Et il m'avait massacrée. Psychologiquement. Toujours m'en souvenir.

On échangea quelques mots. Moi, sur la réserve. Lui, moitié suppliant, moitié défiant. Je le priai ensuite de me laisser tranquille. Il obtempéra. Le soir suivant, il était à nouveau là. M'attendant dans la voiture. Ça ne pouvait pas durer. Il ne pouvait pas me guetter ainsi. Je me préparai à l'affronter : « Jean, maintenant je suis libre. Je fais ce que je veux ! Tu n'as aucun droit sur moi. Je refuse de te trouver ainsi le soir devant chez moi. C'est du harcèlement. » La discussion tourna court. Il sentait l'alcool. Il était ivre. Je ne pouvais pas le laisser rentrer ainsi. Que serait-il advenu d'Yvan et de Benoît s'il arrivait malheur à leur père ? Je n'aurais pas pu me le pardonner. Je l'ai donc accueilli chez moi le temps qu'il dégrise. Il me remercia, s'affala sur une chaise et se mit à débiter d'une voix morne des paroles qui me laissèrent médusée : « Si tu savais Mili comme je regrette. Je déplore qu'on n'ait pas eu d'enfant ensemble. Je regrette de t'avoir obligée à avorter. Si nous avions eu un enfant, nous n'en serions pas là. Yvan et Benoît auraient un frère ou une sœur. Nous serions une famille… » Je le laissai s'épancher. Il avait bu. Ces paroles n'étaient que des paroles d'ivrogne. Et même si elles reflétaient un tant soit peu la vérité, je ne pouvais pas entendre cela. Il était trop tard. Bien trop tard. Ou trop tôt. Le temps du pardon n'était pas encore venu.

Je me suis tue. J'ai écouté. Il s'est reposé. Il est reparti.

***

Je profitai sereinement de mes vacances portugaises.

***

Peu après mon retour de vacances, Benoît m'appela : « Mili, Papy est chez nous. Il aimerait bien te voir. Viens manger à la maison, s'il te plaît. Comme ça, on te verra aussi. » J'étais partagée, mais le désir de retrouver les garçons fut le plus fort. Je retournai donc à ce que je continuais intérieurement d'appeler *la maison*. Le samedi après mon travail, je passai à la maison. J'y retrouvai Benoît, Yvan, leur grand-père et Jean. Il y avait aussi un

100

copain de Benoît. J'aurais bien sûr préféré que Jean ne fût pas là. Mais je ne risquais rien tant que nous n'étions pas seuls ensemble.

Lorsque j'arrivai, le repas était prêt et la table mise. Nous avons mangé. J'étais rassérénée de voir les garçons ainsi. Ils se débrouillaient bien sans moi.

Puis il fut temps pour moi de les quitter. Yvan et Benoît s'accrochèrent à moi. Je pouvais bien aller avec eux à la campagne ! Comme avant ! J'ai refusé. Leur déception était tangible. Je crois que quelque part elle me réjouissait. Je leur manquais. J'étais importante pour eux. Tout autant qu'ils l'étaient pour moi.

Après tout, je mourrais aussi d'envie de prolonger ces retrouvailles. Je me remémorai les moments sereins de notre histoire commune. Je me laissai convaincre. J'étais ravie en retrouvant la maison de campagne, le jardin potager et les animaux. Ce week-end me laissa longtemps le souvenir d'une douce chaleur. Je la ressens aujourd'hui en écrivant. Malgré tout, il n'était qu'une parenthèse. Un moyen de clore doucement une histoire de plus de huit ans.

Les enfants ne voulaient pas me laisser partir. S'ils avaient besoin de moi, ils pouvaient m'appeler. Je le leur dis. J'eus le cœur serré lors des aux revoirs. Mais il était hors de question de revenir en arrière. Ce n'était plus ma vie.

***

Quelques mois s'écoulèrent sans faits notables. Puis Benoît m'appela. Il était seul avec Yvan, et il avait besoin de me parler. Je sentis à sa voix qu'il était décontenancé. Je les rejoignis donc. Les garçons m'accueillirent chaleureusement. Mais Benoît était taciturne. « Que se passe-t-il ? Tu sais bien que tu peux tout me raconter… Tu ne m'as pas fait venir pour rien… » Il s'obstinait à se taire. Il fallait que j'en aie le cœur net. J'entrepris de jeter un coup d'œil dans la maison. Mon ancienne chambre. Celles des enfants. La chambre de Jean… Et là, je compris ce qui tracassait Benoît. Des affaires féminines trônaient sur la commode et la chauffeuse…

J'attirai Benoît à moi pour le réconforter. Je suis restée longtemps à l'écouter. Il avait besoin de se confier. Il me reprochait d'être partie. De les avoir laissés sans réelles raisons. Il n'avait entendu que la version de son père. Et mon départ sonnait comme un abandon. J'aurais voulu crier la vérité. Mais je ne concevais pas de le perturber encore plus. Ce n'était pas à moi de détruire son père. Je me suis contentée de le serrer très fort contre moi. Je lui ai murmuré que je serais toujours là en cas de besoin. Puis, je suis partie. Je ne suis jamais revenue. Je devais me construire une maison ailleurs maintenant.

***

Jean m'a contacté quelques jours après ma visite aux garçons. Je fus intransigeante. Il devait cesser. Ne plus chercher à me revoir. Ne plus rôder autour de chez moi sinon je porterais plainte. J'avais quelqu'un dans ma vie et c'était sérieux.

J'ai revu les enfants plus tard, après leur majorité. Ils sont venus me rendre visite deux ou trois fois. Notamment, chacun m'a présenté son premier enfant. Benoît habite maintenant loin. Ce serait compliqué pour lui de me rendre visite. Yvan lui vit à proximité. Je regrette de ne pas le rencontrer plus souvent. Il était jeune lorsque toute mon histoire avec son père s'est déroulée. Il n'a jamais entrevu la vérité. Pour lui, mon départ a sonné comme un abandon pur et simple, d'autant plus difficile à vivre que nous étions très attachés l'un à l'autre.

J'imagine qu'il m'en a voulu et qu'il m'en veut encore.

Trahisons et enfer

Je sortais maintenant avec Paul. J'avais trente-deux ans. J'avais besoin d'avoir un enfant à moi. J'en voulais un à tout prix. Paul était réticent. Mais devant mon instance, il céda.

J'ai eu mon enfant à trente-trois ans. Ma fille. Ma grossesse fut difficile. Au sixième mois, j'ai été hospitalisée. Jusqu'à la fin du huitième mois. À neuf mois et quinze jours, ma fille est née. Nadège est un miracle. Après tout ce que mon corps avait subi. Paul était émerveillé. Notre fille lui ressemblait tant. Il était le papa le plus heureux de la terre. Je le savais gentil. Mais là, il se surpassait. Tous nos désirs étaient devancés. Jamais je n'avais connu d'homme aussi attentionné. Nadège et moi étions ses deux princesses. J'étais comblée, épanouie, à ma place. La chute en fut d'autant plus rude.

Un mois après l'accouchement, le 15 juillet 1981, finie l'harmonie ! J'ai appris que Paul avait une maîtresse. Elle venait même dormir chez nous pendant que j'étais à l'hôpital ! Je devins folle de rage. Après Jean, je m'étais juré que jamais plus on ne se moquerait de moi. Je hais les trahisons. Il allait quitter l'appartement. Sur-le-champ ! Et ne plus jamais y remettre les pieds. Paul refusa net : « Pars si tu veux. Moi, je reste. Je suis ici chez moi ! Mais je te préviens, si tu t'en vas, c'est sans Nadège. » Partir sans mon enfant ! Cela faisait des années que je vivais pour serrer mon enfant dans mes bras ! Je m'étais donné tant de mal pour l'avoir cet enfant ! Et il me demandait de le lui laisser. Plutôt mourir.

Nous sommes restés ensemble. Pour l'enfant. Moi, j'avais ma fille. Et lui, ses maîtresses. Il continuait à les amener chez nous quand j'étais absente.

***

Je suis rancunière. Et pourtant, j'ai beaucoup pardonné pour les enfants : à Jean pour Benoît et Yvan, puis à Paul pour Nadège. J'entends encore ma mère me confier : « Un enfant a besoin de ses deux parents pour grandir. »

***

Je pensais, ou tout au moins souhaitais, qu'avec l'âge Paul changerait. Le temps passait. Nous avons quitté l'appartement et la ville des Ulis pour habiter dans une maison que nous avons achetée dans le petit village de Nozay. La situation était apaisée.

***

Tout allait plutôt bien jusqu'au jour où je rencontrai une ancienne collègue. Elle venait nous inviter, ma fille et moi, à son mariage. Nous papotâmes. Dans la conversation, elle me questionna sur mon organisation familiale : « Comment fais-tu avec ton mari qui habite ailleurs ? » « … » Je la fis répéter. « Eh oui. Paul habite bien à côté de chez moi ? Je le vois chaque jour entrer et sortir d'une maison voisine de la mienne. » Paul se plaignait d'heures supplémentaires, mais

106

en fait, il avait une double vie ! Je tombai des nues. Et j'étais aussi très ennuyée pour ma fille. Apprendre cela dans ces conditions. Mais elle avait vingt ans. C'était une adulte. Elle ne fut pas surprise. Elle avait déjà tout imaginé.

Est-ce une question de malchance ou tous les hommes sont-ils aussi peu fiables ? Des loups infidèles ? Ces questions ont été les fils rouges de ma vie sentimentale.

Suite à cette révélation, Paul et moi avons eu une explication musclée. Ce degré d'infidélité dépassait mon entendement. Malgré tout, nous avons continué. Cahin-caha.

***

Progressivement, nous devînmes des étrangers l'un pour l'autre. Nous parlions peu, voire pas du tout. Il avait emprunté le chemin de la trahison. Nous avons continué sur celui de l'indifférence. Et nous nous engageâmes dans celui de l'aigreur. Paul changea. En mal. Peut-être que moi aussi d'ailleurs. La situation devint invivable. Elle explosa.

***

Je me fis opérer d'un genou. Je me suis retrouvée très dépendante. Je ne pouvais pas utiliser seule les marches de notre maison. Ma chambre était à l'étage. Ma fille m'aidait donc matin et soir. Un des soirs, alors qu'elle était sortie, je fus saisie d'une violente douleur à la jambe. J'attendis quelque temps, allongée dans mon lit, sans bouger. Mais la souffrance empirant, je me résignai à descendre chercher des cachets. Privée d'aide, handicapée, j'ai glissé dans les escaliers. J'ai crié. De douleur. Et aussi pour que l'on m'aide. Paul ne bougea pas. Tout doucement, marche par marche, j'ai rampé dans les escaliers, puis jusqu'à ma chambre. La rage me suffoquait, masquant presque la douleur.

Le lendemain, je n'étais pas calmée. Je bouillais encore de colère. Je devais expulser ce sentiment qui m'étouffait. Alors, avec ma béquille, je ravageai la maison. Puis, je déposai une main courante à la gendarmerie pour non-assistance à personne en danger. Le policier me reçut très aimablement et me laissa sa carte. Dans le cas où…

Notre relation était finie. Paul décida de partir. Après vingt-cinq ans de vie commune, le divorce fut prononcé. Paul souhaitait vendre notre maison. Mais ma fille et moi désirions la garder. Il obtempéra. Il me céda sa part sans contrepartie financière directe. Lors du divorce, j'avais obtenu une bonne indemnité. Il ne pouvait pas la payer. La maison la remplaça. Jean devait aussi me régler une pension alimentaire pour Nadège qui restait à charge. Il le fit uniquement la première année.

Malgré l'amour

Un divorce est toujours triste et difficile, même lorsque le mariage qu'il clôt ne se revendiquait pas d'amour. On se retrouve désemparé. Ce fut mon cas.

À cela s'ajoutaient des difficultés financières. Je me retrouvais avec une maison à payer et une fille encore étudiante. Heureusement, je travaillais. J'ai toujours travaillé. J'étais alors nounou. J'en ai élevé des enfants… Notamment un neveu, Soso de son petit nom. Pendant trois ans, il a dormi nuit et jour chez moi. Puis je l'ai eu les week-ends et les vacances scolaires. Il a aujourd'hui dix-huit ans et je ne le vois plus que rarement. Je travaillais donc, mais un seul salaire suffisait à peine.

Tout ce que j'avais accumulé de désespoir et de déception au fil du temps devait aussi peser sur mes épaules.

***

J'étais très en colère. Ma colère s'est portée sur la seule personne qui me restait. Ma fille. Si bien qu'elle quitta la maison, sans m'avertir. Elle fugua. Enfin, j'appelle cela ainsi, mais peut-on le dire pour une personne majeure ?

Je l'ai cherchée partout. J'étais paniquée. Je ne dormais

109

plus. La journée, les enfants que je gardais me maintenaient la tête hors de l'eau. Mais, dès la fin d'après-midi, j'arpentais les parkings des environs en tentant de trouver sa voiture. Rien ! Elle était bien sûr partie avec son téléphone portable. Je l'appelais donc plusieurs fois par jour. Elle ne répondait pas. Je questionnai son père, qui ne savait pas non plus où elle était. Elle l'avait vaguement contacté et semblait squatter chez une connaissance. Puis, j'eus enfin quelques nouvelles par une nièce, une fille de Luisa. Nadège avait mangé chez elle. Elle avait tout englouti, et elle était repartie sans en dire plus. Je repris mes recherches.

Cela a duré… Je ne sais plus. Récemment, lorsque j'en ai reparlé à ma fille, elle m'a dit qu'elle n'était partie qu'un mois. Le temps avait dû marquer des pauses. Pour moi, cela a duré… une éternité. Une éternité de souffrance sans savoir où était ma fille. Une éternité à me demander si elle allait bien. Et si elle mangeait à sa faim. Mais cette question n'avait pas de sens. Comment aurait-ce pu être le cas ? Elle était étudiante et sans ressources !

J'écrivis une lettre à ma fille. J'y joignis de l'argent. Je prévoyais de glisser le tout dans sa voiture, si je la trouvais. Malheureusement, pas moyen de mettre la main dessus.

Enfin, le cauchemar prit fin. Ma sœur Luisa vint du Portugal voir à sa fille. Nadège la rencontra par hasard et en profita pour quémander à manger. Luisa lui fit la morale et, tout en l'admonestant, lui conseilla de réfléchir et de regagner sa maison. Mais Nadège n'osait pas. Elle était partie sans mot dire. Elle n'avait pas donné de nouvelles. Rien. Pas de lettre. Ni le moindre coup de fil. Elle appréhendait ma réaction. Luisa me prévint aussitôt : « Il faut que tu appelles Nadège. Maintenant. Elle ne peut pas continuer ainsi, mais ne sait pas comment faire avec toi. Elle te craint. » Mon cœur bondit. Je rappelai ma fille. Cette fois-ci, elle décrocha. Ma voix tremblait tandis que je la suppliais : « Chérie, reviens, par pitié. Rentre à la maison. Quand tu veux. Le plus tôt sera le mieux… Je ne vis plus. Je t'attends. Oublions ce qui s'est passé… »

Elle était là. Enfin. Elle m'embrassait. Elle me demandait pardon. Je n'ai rien dit. Je l'ai enlacée. Et nous avons pleuré toutes les deux.

***

Pendant la disparition de ma fille, je retombai en dépression. Trop de choses s'étaient accumulées depuis si longtemps. Ma fille en avait pâti. Et là, j'aurais pu la perdre. Je fus suivie par une psychologue qui me conseilla d'écrire mon journal : « Cela vous aidera. » Et c'est vrai, ce fut thérapeutique d'écrire tout ce que je ne pouvais pas exprimer par ailleurs.

***

Bonjour Nadège,

J'espère que tu vas bien et que tu es heureuse là où tu es. Moi, je ne dors plus depuis ton départ. Je passe mes nuits à réfléchir à ce que tu m'as dit. Je n'arrive pas à oublier. Ces mots : « Maman, fiche-moi la paix. Laisse-moi vivre ma vie et vis la tienne. Je suis majeure et je fais ce que je veux ! » [...]

Tu as dit que tu crevais de faim et que c'était à cause de moi. Ne m'accable pas. C'est toi qui es partie. C'est toi qui as quitté la maison. Tu as pris quelques affaires et tu as fui

111

sans même me dire au revoir ni où tu allais...

Tu es partie quand j'avais le plus besoin de toi. Mets-toi à ma place. Ton père qui a quitté la maison, les crédits à payer, toi encore étudiante... Et par-dessus tout, tu m'as menti. Tu as abandonné la fac sans m'avertir. Je l'ai appris par quelqu'un d'autre que toi ! Ça m'a mise hors de moi [...]

On s'est beaucoup disputées et tu ne l'as pas accepté [...]

C'est vrai, je t'ai dit des horreurs. Je n'aurais pas dû. Je t'ai dit que j'aurais mieux fait d'avorter. C'était extrêmement méchant. Et ce n'est surtout pas vrai. Tu as toujours été une enfant désirée. Je t'ai désirée durant des années. Je te demande pardon de ce que j'ai alors pu te dire. J'étais vraiment exaspérée [...]

Tu m'as poussée à bout. Essaye un peu de te mettre à ma place. Je n'allais pas bien. Et toi non plus d'ailleurs. Mais moi, je me fais aider par un psy. Toi, tu n'as pas voulu. Tu as préféré t'enfuir [...]

J'ai vu que tu étais passée à la maison la semaine dernière. J'ai un moment cru que tu étais revenue. Mais non, tu n'as fait que prendre quelques affaires et tu es repartie. Tu n'as pas cherché à me voir [...]

J'ai eu de tes nouvelles par ta cousine. Elle m'a dit que tu venais parfois manger chez elle. Elle m'a aussi avoué que tu avais très faim et que tu ne mangeais pas tous les jours. Ça m'a fait si mal au cœur d'apprendre cela. Tu ne peux pas savoir comme je souffre de ne pas savoir où tu es [...]

J'ai tant sacrifié pour toi. J'ai sacrifié mon bonheur pour que tu sois heureuse. Et je ne regrette rien [...]

Je ne t'ai jamais rien refusé. J'ai toujours cédé à tes caprices. Ton père me l'a assez reproché. Aujourd'hui, je me dis qu'il avait raison. Peut-être que j'aurais dû être un peu plus sévère dès le début [...]

Chérie, si tu rentres à la maison, on oublie tout ! [...]

Je ne sais plus quoi faire. Le soir, je tourne en rond dans la maison. Seule [...]

Soso est venu me voir. Il nous réclamait, alors sa maman me l'a amené. Ça m'a fait du bien. Je ne vois plus personne à part les parents des enfants et ma collègue Mimi. Elle m'aide bien, moralement et financièrement. Décidément, je suis toujours aidée par des amis. La famille n'est jamais là lorsque j'en ai besoin. Et pourtant, j'en ai fait des choses pour eux ! [...]

Chérie, si tu rentres à la maison, je te promets de te laisser tranquille. À la condition que tu me dises toujours la vérité. Tu sais que je déteste les mensonges. Dans ma vie, on m'a trop souvent menti. C'est sûrement pour cela que je n'accepte pas que toi aussi tu le fasses. Tu m'as déjà promis de ne plus me mentir. Tu n'as pas tenu parole [...]

Oublions tout. Tu me manques. Rentre à la maison.

Je t'aime,

Maman

Un sentiment bafoué

J'étais divorcée depuis deux ans. J'étais quelque peu apaisée. Nous avions trouvé un rythme de croisière avec Nadège. Je travaillais toujours comme nounou. Nadège étudiait. Elle a fait de nombreuses études, parfois disparates : médecine, théâtre. Mais sa passion, c'était – et c'est toujours – la peinture. Je n'ai malheureusement pas pu lui payer l'école qu'elle souhaitait faire.

Je continuais d'aller au Portugal chaque été. Ma fille m'accompagnait.

Quelle ne fut pas ma surprise d'être, un soir, contactée par un de mes amis d'enfance. Il habitait un village voisin. Le village natal du mari de Luisa. Nous n'avions plus réellement de contact, mais il m'arrivait de le croiser l'été. Il était gendarme et je le rencontrais parfois à quelque rond-point. Luisa – la seule de mes frères et sœurs qui habitait encore au Portugal – lui avait appris que j'étais divorcée. Alors, il se lançait : « Mili, cela fait si longtemps que je pense à toi. Je suis amoureux depuis toujours. Toutes ces années où tu venais en vacances avec ton mari ont été pour moi un calvaire. Mais maintenant, tu es libre. Donne-nous une chance, Mili ! Il faut qu'on se parle. Si tu ne viens pas prochainement au Portugal, je vais m'arranger pour te rejoindre en France. » Pas question qu'il vienne. J'avais une semaine de congé à prendre. J'ai donc décidé de me rendre au Portugal. Nous avions rendez-vous à Mirandela. J'arrivai à l'heure dite. Il m'attendait déjà. Il me serra fort. Il m'embrassa. Et au lieu de protester, je fondis. Ce fut un véritable coup de foudre. Incroyable. À mon âge, je tombai amoureuse pour la seconde fois. D'un ami d'enfance . La premiere j'étais encore jeune ça n'a pas marché

Nous avons passé la semaine ensemble. Il me raconta sa vie. Il était séparé de sa femme depuis plusieurs années. Il avait eu des aventures. Il n'était pas un saint. Mais son grand amour, c'était moi. Il le savait depuis presque toujours : « Cela fait si longtemps Mili. Je t'ai aimée dès que tu es arrivée en France. » Il avait émigré un peu avant moi. Nous nous retrouvions le week-end chez Odíla. Mais lui était rentré au pays très rapidement, contrairement à moi. « Pourquoi tu ne m'as rien dit ? Ma vie aurait été tellement meilleure si tu avais parlé ! » « Je n'ai pas osé. Tu ne voyais en moi qu'un ami. Et puis… je savais que ta sœur te destinait à Jacky… Ce que veut la famille, c'est sacré. J'ai préféré me taire et partir. » Mon Dieu, quelques mots et tout aurait pu être si différent…

Une semaine merveilleuse et je rentrais déjà en France. Le rêve allait-il cesser ? Il promit de me rejoindre dès que possible. Pouvais-je encore avoir confiance en un homme ? Quelques jours après mon retour, je l'attendais sur le quai de la gare. Je le vis descendre du train et courir vers moi. J'étais une midinette. Nous étions de jeunes amoureux.

Mon bonheur dura deux ans.

Durant ces deux années, il fit des allers-retours entre la France et le Portugal. Il ne restait jamais longtemps loin de moi. Et quand nous nous retrouvions, nous étions comme ces oiseaux, les inséparables. Nous ne sortions jamais l'un sans l'autre. Nous passions toutes nos vacances ensemble. L'été, nous nous retrouvions au Portugal.

***

Je vivais une romance à l'eau de rose. Ma vie était un conte de fées. Comme dans ces histoires pour enfants, l'héroïne avait subi de nombreuses péripéties avant de tomber sur l'homme de sa vie… puis ils vécurent heureux…

***

Nos deuxièmes vacances d'été s'annonçaient tout aussi idéales que les premières. Mais un soir, je me retrouvai chez sa sœur pour lui donner un coup de main. Elle tenait un restaurant et manquait de personnel. Et là, j'appris, anéantie, que l'homme que j'aimais à la folie habitait toujours avec sa femme.

Nous avons eu une explication sérieuse. Il me devait la vérité. J'aurais tout donné pour qu'il démente. Ce fut d'ailleurs ce qu'il fit tout d'abord. Mais à son air déconfit, je sus rapidement qu'il me mentait. En tergiversant, il m'avoua qu'il était toujours marié et qu'il partageait la maison avec sa femme : « Mais je te jure Mili, c'est un arrangement. Je ne l'ai jamais aimée. Elle le sait. Nous avons un pacte. Chacun de nous est libre. » J'étais écœurée et consternée. Je me sentais outragée. Il n'avait donc aucun respect pour moi ? Qu'il parte. Je ne voulais plus le voir.

La nuit fut difficile. Je quittais le seul homme que j'avais

117

aimé. Je rentrai dès le lendemain en France. Seule et inconsolable. Mais aussi assurée de ma décision. La tromperie était trop importante pour être pardonnée.

***

Comment ai-je pu avoir aussi peu de chance ? Quelles fées se sont penchées sur mon berceau ? Ne suis-je née que pour être malheureuse et souffrir ?

***

Lorsque nous nous séparions, il me téléphonait chaque jour. Son amour était accaparant, parfois un peu étouffant. Et sa jalousie, quelque peu maladive. J'ai trouvé cela attendrissant. Je n'ai pas eu le temps de m'en plaindre réellement.

Après mon départ, il chercha à me joindre plusieurs fois par jour. C'était agaçant. Et cela devint insupportable. Je le priai de cesser tout contact.

***

L'amour se transforma en haine. Il paraît que ces deux sentiments très forts sont opposés, mais que, placés sur un cercle, ils se rejoignent. On peut ainsi facilement basculer de l'un à l'autre. Ce que je fis. Cet homme tant aimé, je le hais.

***

Les premiers temps après notre rupture, il m'arrivait encore de l'apercevoir lorsque je me rendais au Portugal. Je ne lui adressais pas la parole. Si je manquais le croiser, je faisais demi-tour. Heureusement, il respecta ma décision.

118

***

Lors de cette rupture, ma fille a été là pour me soutenir. Elle m'a comprise. Elle aussi a vécu une déception amoureuse. Nous nous sommes épaulées mutuellement.

***

Depuis ce temps, je me suis juré de ne plus faire confiance à aucun homme.

***

Nous vivons aujourd'hui toutes les deux, ma fille et moi. Je mets en pratique le dicton : « Mieux vaut vivre seule que mal accompagnée. » Je ne suis d'ailleurs pas entièrement seule. J'ai ma fille. J'ai des amis. Je fais partie d'associations dans lesquelles je suis bénévole. Je fait du sport. Je voyage..

***

Je profite de la vie.

Quand vient la résilience

J'ai rempli des cahiers sous les recommandations d'une psychologue. L'écriture m'a soulagée. Elle a fait partie de mon processus de guérison.

Aujourd'hui, j'ai réuni ces mille et une pages. Je les ai élaguées. Je les ai mises en forme. Pour vous les donner.

L'histoire de ma vie, je la livre en priorité à ma fille. Mais aussi à Benoît et à Yvan. Elle leur révèle un passé que ma voix ne peut pas transmettre. Elle leur donnera un nouvel éclairage sur certaines situations et certains choix.

***

Je relate ici nombre de malheurs et de trahisons. Mais ma vie est aussi basée sur l'amour. L'amour de mes parents qui a bercé mon enfance malgré la pauvreté et que j'ai tenté de leur rendre une fois adulte. L'amour pour Benoît et Yvan, qui m'a porté pendant des années et auquel j'ai dû renoncer pour survivre. L'amour pour ma fille, qui n'a pas toujours été linéaire. L'amour de la vie qui s'est parfois enfui, mais qui est aujourd'hui installé.

***

Cette histoire est vraie. J'aime lire des histoires sincères et véridiques. Mais les noms des personnages ont été modifiés.

Mon véritable nom n'est donc pas Milagre. On m'a cependant véritablement surnommée Mili.

Miracle.